U1019497

日军侵华战俘营纪实丛书

平津战俘营纪实

范媛媛　王婵娟　何天义　编著

知识产权出版社
全国百佳图书出版单位

图书在版编目（CIP）数据

平津战俘营纪实/范媛媛，王婵娟，何天义编著．—北京：知识产权出版社，2019.6

（日军侵华战俘营纪实丛书/何天义主编）

ISBN 978－7－5130－6148－3

Ⅰ．①平…　Ⅱ．①范…②王…③何…　Ⅲ．①日本—侵华事件—战俘问题—史料—华北地区　Ⅳ．①K265.606

中国版本图书馆 CIP 数据核字（2019）第 042298 号

责任编辑：宋　云　刘　江　　责任校对：潘凤越

封面设计：北京麦莫瑞文化传播有限公司　　责任印制：刘译文

平津战俘营纪实

范媛媛　王婵娟　何天义　编著

出版发行：知识产权出版社有限责任公司　网　址：http://www.ipph.cn

社　址：北京市海淀区气象路 50 号院　邮　编：100081

责编电话：010－82000860 转 8388　责编邮箱：hnsongyun@163.com

发行电话：010－82000860 转 8101/8102　发行传真：010－82000893/82005070/82000270

印　刷：三河市国英印务有限公司　经　销：各大网上书店、新华书店及相关专业书店

开　本：880mm×1230mm　1/32　印　张：7.25

版　次：2019 年 6 月第 1 版　印　次：2019 年 6 月第 1 次印刷

字　数：150 千字　定　价：39.00 元

ISBN 978－7－5130－6148－3

出版权专有　侵权必究

如有印装质量问题，本社负责调换。

《日军侵华战俘营纪实丛书》
编委会名单

主　　编　何天义

副 主 编　曹朝阳　何　晓　范媛媛

编　　委　何天义　曹朝阳　何　晓
　　　　　范媛媛　何　海　李爱军
　　　　　侯志强　何　洁　王婵娟

序　言

虐待俘虏是日本在侵华战争中所犯的重要罪行之一，也是战后尚未解决的遗留问题之一。战时应当如何对待敌对国的俘虏，早在18世纪，国际社会就产生了施以人道待遇的观念；1899年第一届万国会议上制定的《海牙第二公约》，1907年《海牙第四公约》附件的《陆战法则和惯例章程》，1929年达成的《日内瓦公约》，都有明确规定的基本准则。

战俘是战争和武装冲突中落入敌方控制之下的合法交战者，战俘不是以个人身份，而是以武装部队成员身份参加战斗的。交战国拘捕和扣留被俘人员不是因为其个人有任何违法行为，而是为了防止他们再次参加作战。俘虏必须享受人道的待遇，凡属交战国军队的人员，不论其是战斗人员还是非战斗人员，在被俘以后都应享受俘虏的待遇。因此对他们不应施以惩罚、虐待，更不应该予以杀害。战后，国际军事法庭宪章把“对战俘的谋杀和虐待”归入战争罪。但在日本侵华战争中，日军制造种种借口，非但不执行国际公约，而且虐待战俘，奴役战俘，对中国和世界犯下了滔天罪行。

20世纪三四十年代发生的日本侵华战争，是日本帝国主义在近代史上多次侵华战争中最疯狂最残暴的一次，也是其以失败告终的一次。这场战争，从1931年九一八事变开始，到1945年9月日本投降签字，历时14年之久。中国军队进行重要战役200余次，大小战斗近20万次，歼灭日军150余万人，歼灭伪军118万人。战争结束后接受投降日军128万人，接受投降伪军146万人。但是，战争的最终胜利并不等于战争的每个阶段都取得了胜利，更不可能是每个战役和每次战斗都取得了胜利。面对武装到牙齿的日本军国主义，在军事上、装备上、综合国力上都处于弱势的中国军民，在战争中曾多次失利。中国军民遭到许多重大损失，有不少抗日军民被俘、被捕、被抓，关押进日本设在中国各地的战俘集中营（以下简称战俘营）。据近年的不完全统计，在抗日战争中，正面战场进行大会战22次，国民党军队伤亡320万人；敌后战场进行大小战斗125 165次，八路军、新四军伤亡58万多人。中国军队共伤亡380余万人，中国人民牺牲2 000余万人，中国军民伤亡总数达3 500万人以上；中国财产损失600多亿美元（按1937年美元换算，下同），战争消耗400多亿美元，间接经济损失达5 000亿美元。在死伤的3 500万人中，有1 000多万人都是战俘及劳工。据近年来核实，日军设在中国的战俘营、战俘收容所有100多个，关押战俘100余万人。

日军对中国战俘的虐待可分三个阶段、三个场所、三种形式。

第一阶段是战场上的屠杀。

对待战场上作战被俘的官兵，日军先要进行审查分类编队。按官阶分类登记，按原作战部队番号编队，伴随着这些活动，日军往往对战俘进行野蛮屠杀。对作战顽强，使日军在战场上遭到重大伤亡的部队的战俘，日军常常会对其进行“报复性”屠杀；对受伤严重、不能行走、不能当劳工使用，而又需要提供食品和医疗服务的战俘，日军常常当场施以“处理性”的屠杀；对于大批俘虏，日军本意需用这些人充当劳工，由于不按国际法对待他们，不把他们当人看，在管理上不负责任，不及时提供饮水、食品和医疗服务，致使战俘在从战场向战俘营转送途中，或由一个战俘营向另一个战俘营转送途中，几天吃不到东西，喝不上水，病饿而死，遭到“虐待性”屠杀。这种情况在南京沦陷后和中条山战役后最为严重。南京大屠杀的30万受害者中，有9万多人是放下武器的战俘。而在中条山战役中，据日军统计，中国军队被俘3.5万人，遗尸4.2万人，其实这些遗尸中大多是放下武器后被杀害的战俘。

第二阶段是战俘营的虐杀。

战俘营多数高墙电网、岗哨林立、戒备森严，对俘虏采用监狱式管理。战俘进入战俘营一般要经过验证、消毒、登记、编号、审讯、入所教育六道手续。进战俘营后，每天要进行出操点名、升降旗、呼反动口号、强制劳动、策反活动、唱反动歌、读反动报等刻板的日程。战俘吃的是发霉的玉米面、高粱米，吃不饱饭，见不到菜，喝不上水。塘沽战俘营的战俘劳工曾吃尿冰止渴，而石家庄战俘营的战俘则不得不吃老鼠充饥。住的多是木板房，睡的是大通铺，没有被褥枕头。穿的衣服又脏又破，多数人衣不遮体，一些战俘不得不趁外出劳动时捡水泥袋和破草袋捆在身上御寒。恶劣的环境，非人的生活，繁重的劳役，残酷的刑罚，加上瘟疫的摧残，折磨着战俘营的战俘，石家庄战俘营最多一天会死去200多人。在北平战俘营中，日军会把一些战俘的胳膊弯曲打上石膏进行肘死关节试验，致使这些战俘残废或丧命。济南、太原、北平、石家庄等战俘营均把战俘当作血库，大量抽其血液，并进行细菌试验、活体解剖。太原战俘营把战俘当活靶，捆绑着押到赛马场上让日军新兵练刺杀、射击，仅两次新兵练胆训练就虐杀八路军战俘340余人。由于上述原因，石家庄、济南、太原、北平几个大战俘营的死亡率都高达百分之三四十。每个战俘营附近基本上都有一个掩埋战俘劳工尸体的万人坑，死亡人数都在2万左右。

第三阶段是就劳地的役杀。

战俘在战俘营虽然也进行劳动，但多是临时性、应急性的劳动，而且流动性大，不固定。在其被日军输送到伪满洲国、伪蒙疆和日本本土各地后，在就劳地的劳动则是相对固定的、长期的、繁重的苦役。早在关东军劳务统制委员会第一次会议上，关东军有关人员就提出将数十万东北军俘虏及归顺兵训练、转化为劳工的计划。全面抗战爆发后，日军陆续把30万战俘从华北强掳到伪满洲国，日方称其为特殊工人，后来又改为辅导工人和保护工人。之后又将战俘强掳到伪蒙疆、华中、华南、日本本土、朝鲜半岛及东南亚等地服苦役。在管理上多数与普通劳工隔离，由军队和警察负责监管。日军从中国强掳到日本本土的 4 万名劳工中有 2 万人是战俘，日本称为训练生。战俘在各就劳地的生活条件和劳动条件普遍很差，但比较地看，东北比华北恶劣，国外比国内恶劣，煤矿、铁矿比一般工厂恶劣，秘密军事工程比一般军事工程恶劣。战俘劳工在被役使过程中，饱受冻、饿、病、累的折磨，死者很多。押往伪满洲国的战俘劳工的死亡率，低的有百分之十几，高的达 40%。押往日本的战俘劳工死亡率约占 17%，有的作业场死亡率达 52%。

总之，不论在俘获地、战俘营，还是就劳地，日军和日伪管理人员对战俘的虐待一直没有停止，肉体上的摧残，精神上的折磨，经济上的剥削，政治上的压迫，直到战俘的生命终结。

战后的东京审判和各国的 BC 级战犯审判，已经证明日本政府、军队和相关企业在战时严重违反了国际公法和国际公约，犯有虐待战俘罪、残害平民罪、强掳劳工罪、侵犯人权罪。但因种种原因，战后审判对日本奴役和虐待中国战俘劳工的罪行追究却很不彻底。据日本法务省官房司法调查部编纂的《战争犯罪审判概要》（1973 年 8 月）中记载，由英、美、澳、荷、法、菲及中华民国提出的 BC 级审判起诉书中，有关俘虏收容所人员占全部起诉案件数的 16%，被起诉人员的 17%，判处有罪的 27%，处死刑的 11%。在战犯审判中，因虐待俘虏被起诉的案件仅次于宪兵犯罪的案件。但这些案件多由英、美、澳等国审判。设置战俘营最多、战俘受虐待最重的中国，参与对日本虐待战俘案件的审判却很少。日本在中国战场上犯下的残杀战俘的滔天罪行，只有南京大屠杀中的指挥者等少数战犯受到了审判。日军在中国建立战俘营虐待战俘劳工的种种罪行，只有济南等少数战俘营的管理者受到了审判，而对日军在伪满洲国、伪蒙疆、华北、华中、华南等地奴役战俘劳工的罪行基本上没有进行任何惩处。对掳往日本本土的战俘劳工，在135个作业场中，只有花冈、鹿岛等个别作业场的管理者受到了审判。20世纪50年代，中国最高人民法院特别军事法庭审判在押的日本战犯时，华北几十个战俘营中只对济南、太原、保定、洛阳4个战俘营的日本管理人员进行了审判。而以上审判只是对犯罪当事人的战争犯罪责任进行追究，并没有对日本政府和相关企业虐待奴役战俘劳工所造成的人身伤害、经济损失、精神损失、家庭损失等进行审判。既没有向受害者谢罪，也没有向受害者赔偿。反之，日方还竭力销毁罪证，掩盖事实，否认罪行。

《海牙第四公约》第3条规定："如果情势有必要，违反本公约之'陆战规则'规定的交战者，应付出赔偿，该交战者应对其武装部队中一部分人所做的行为负责。"国际法还规定追究战犯的战争责任没有时效限制。根据这些法律，第二次世界大战中的侵略国德、意、日奴役和虐待同盟国战俘的问题，被受害者列为没有解决的战争遗留问题，在20世纪80年代又被提了出来。经过多年的斗争，1999年2月，德国政府和企业拿出100亿马克（约合53亿美元）建立了"记忆、责任和未来基金"，对受害的战俘劳工进行赔偿。

早在德国全面解决战俘问题之前，美国和加拿大就已对战时关进美国和加拿大集中营的日本侨民进行了道歉和赔偿，美国总统给每位受害者发了致歉信，每人赔偿了 2 万美元（当时约合 16 万元人民币）。加拿大同美国的道歉方法和赔偿金额基本一致。继德国之后，奥地利也仿效德国的办法建立了强制劳工赔偿基金，对欧洲的战俘劳工进行赔偿。在英国，政府没有支持战俘向日本索赔，英国政府却为第二次世界大战时被日本奴役的英国战俘受害者每人提供了 1 万英镑（当时约合 15 万元人民币）的补偿金。然而，侵占中国 14 年、造成中国 3 500 万人死伤的日本，不承认侵略战争，不承认侵略罪行，不承担侵略责任。

国际上有一种说法，如何对待敌对国的战俘，可以看出一个国家和一个民族的文明程度和道德水平。日本军国主义在战时没有按国际公约对待中国战俘，而是虐待、奴役、残杀中国战俘。战争结束时，又烧毁文件档案，掩盖罪行，企图蒙混过关。战争结束后，当中国战俘劳工向日本政府和相关企业提出索赔要求时，他们又制造种种借口予以否认，加以阻挠。

从 20 世纪 80 年代开始，中国民间对日索赔在日本法院立案 28 件，其中战俘劳工索赔案 15 件。尽管经历了十几年的漫长诉讼，但都被日本法院以“国家无答责”“时效问题与除斥期间”“请求权放弃”等理由判决败诉。2007 年 4 月 27 日，日本最高法院单方面解释《中日联合声明》，以中国政府放弃战争赔偿为由，判定中国民间受害者丧失索赔权。

因为日本政府对历史遗留问题没有正确的认识和积极的态度，所以中国民间对日索赔问题至今还没有得到解决。

人类进入21世纪，实现民族和解、捍卫世界和平、建设和谐世界逐渐被提上议事日程，特别是存在众多历史问题和现实问题的中日两国及亚洲各国更为关注这一话题。第二次世界大战结束70多年来，中日两国人民为促进中日友好做了大量工作。日本民间团体帮助中国劳工争取受害赔偿就是一个例证，建立在中国、日本及亚洲各地的战俘劳工纪念碑就是例证。但日本右翼团体却处心积虑，倒行逆施，不断进行干扰破坏活动。近年来，日本在政治上越来越右倾化，在历史问题上大开倒车，否认侵略历史，掩盖侵略罪行，妄图翻案复辟，使中日关系降到最低点，战争遗留问题的解决也更加渺茫。中国受害者希望日本能向德国学习，正确对待历史问题，勇于承担历史责任，在深刻反省的基础上妥善解决战俘劳工这一战争遗留问题。

一个偶然的机会，我们选择了战俘、战俘营、战俘劳工这个课题，并为此进行了30年的调查研究。30年来，在有关部门和民间组织的支持下，我们先后召集战俘劳工代表大会5次，地区性战俘劳工座谈会20余次，走访征集战俘劳工口述资料1 000多人，征集有关资料3 000多万字，整理打印900余人的《战俘劳工访谈录》共计400万字，为400多位战俘劳工录制了音像资料，并刻录了光盘。

在旅日、旅美、旅加华侨的支持下，我们于1995年编写了一套4卷本《日军枪刺下的中国劳工》；于2005年编写了一套5卷本《二战掳日中国劳工口述史》；于2007年编著了《亚洲的奥斯威辛——日军侵华集中营揭秘》；于2008年编写了《日军侵华集中营——中国受害者口述》；于2013年编著了《日军侵华战俘营总论》。此外，还参与编辑了10卷本《日本侵略华北罪行档案》及《日军侵略华北罪行史稿》等40多部抗战类相关书籍。这些著作填补了日本侵华罪行、战俘英勇反抗史的研究空白，为解决日本侵华战争的遗留问题提供了史料和证据。但这些著作多为史料性、专题性、实证性、学术性著作，受众面较小，可读性不强。为了让广大群众特别是青少年，了解战俘劳工这一特殊群体，了解他们艰难困苦的悲惨遭遇，学习他们英勇不屈的斗争精神，我们从全国众多战俘营中选择了平津、石家庄、济南、太原、洛阳五个规模较大、关押战俘较多的战俘营的素材，编写了一套“日军侵华战俘营纪实丛书”。在这些战俘营中，有不少共产党八路军战俘进行的英勇反抗斗争，而斗争最坚决的是抗大二分校抗三团的干部学员，其中有不少是长征到延安的老红军，到华北办抗大的新八路。他们在日军“五一扫荡”时被俘，关进石家庄战俘营后，组建了秘密支部，在伪满阜新煤矿后举行了“新邱暴动”。于是我们单独为他们立传，编写了一本《战俘营的“抗三”》。全套书共6册。

这套丛书是根据战俘幸存者的回忆和口述，及各地残缺不全的文献和档案整理编写的，文中的人名、时间、地点可能有不准确的地方，加之时间仓促，水平有限，书中可能有许多偏颇疏漏之处，请广大读者谅解，请幸存者、当事者加以斧正。

为了增加书稿的真实性和客观性，揭露日军奴役掳杀战俘劳工的滔天罪行，我们从书报刊物上选编了一些图片，由于种种原因，未能找到原稿的拍摄者。这里我们向有关的拍摄者和编辑者表示感谢。看到这本书的原图作者，请同我们联系，我们将付微薄的稿酬。

何天义

2018 年 11 月 1 日于石家庄

目　录

一、北平地区的战俘营

1. 北平沦陷时的战俘营

北平是中国的古都，天津是中国的海口，北平和天津（以下简称平津）是华北的两座重要城市，也是日本多年觊觎、最早驻兵的城市之一。卢沟桥事变前，日本驻中国的派遣军就驻扎在北平和天津，而且不断制造事端；卢沟桥事变后，日本又同时向平津发起进攻，平津又是同时沦陷的。

卢沟桥事变，又称“七七事变”，在中华民族的历史上是一个永远值得铭记的日子。它既是日本开始全面侵华的日子，又是中国人民开始全面抗战的日子。

1937 年 7 月7 日的夜里，驻北平丰台的日军在卢沟桥北侧进行夜间训练时，借口听到有人“非法射击”并“丢失士兵”，要进宛平城搜查。在得不到中国守军允许的情况下，向卢沟桥和宛平城发动炮火袭击。守卫卢沟桥和宛平城的二十九军官兵在忍无可忍的情况下奋起还击，从此，中国开始长达八年的全面抗战。

由于国民政府主要领导和二十九军主官的和平幻想和妥协退让，使中国军队丧失了反击日军的时机，日本军队做好了全面侵华的准备，于 7 月 27 日向中国守军的驻地通州、团河、南苑发起总攻。与此同时，日军也在天津、廊坊向中国军队发起进攻。

在南苑军营，中国军队7 000余人以营房和村庄为掩体，顽强抵抗日军进攻，伤亡官兵达5 000余人，副军长佟麟阁、师长赵登禹和军训团的许多年轻学员先后阵亡。

图1　日军进占北平后，在城内搜查二十九军将士（何天义研究室征集提供）

28 日夜，宋哲元奉命率领二十九军撤离北平，临时委任张自忠代理冀察政务委员会委员长、北平绥靖主任兼北平市长，与日军周旋，并留下独立三十九旅阮玄武部和独立第二十七旅石振纲部改编为保安队守卫北平，维持治安。没想到这两个旅的官兵却落入了日军的魔掌，尽管有的冲出了包围，但不少官兵还是成了日军的俘虏。

图2　日军在天津用中国军民的躯体当活靶练刺杀

独立三十九旅当时驻守北苑和通县，7 月29 日，张自忠把该旅旅长阮玄武叫到城里，商谈了留守防卫事宜。但阮玄武贪生怕死，7 月30 日派参谋长张禄卿为代表同日军谈判改编事宜。7 月31 日，该旅6 000名官兵被日军解除武装。

独立第二十七旅当时负责防守北平，该旅六七九团曾在广安门给日军以重大打击。7 月29 日，日本顾问中岛到该旅谈判改编保安队之事，言谈中却追问广安门事件的部队负责人，引起广大官兵的义愤和抗议。该旅官兵不愿意当汉奸，遂决定突围奔赴察哈尔，与二十九军的一四三师刘汝明部会合。8 月1 日，该旅两个建制团从德胜门突围，在马房和清河机场遭日军伏击，三面受敌，部队被打散，旅长石振纲脱离部队，六七九团团长刘汝珍继任旅长，率领残部边打边撤，一直退到察哈尔。在这次突围中，该旅伤亡和失踪官兵达1 200余人。失踪人员多数都被日军俘虏。据日军作战周报第43号统计，7月7日—8月3日，日军在平津地带作战时，在南苑、西苑、北苑、通州等地解除武装和俘虏中国军人8 300余人。

北平城东的通州原是伪冀东自治政府所在地，隶属伪政权的冀东保安队中的第一、第二两个总队的队长张庆余、张砚田，是原国民党军第五十一军的团长。他们虽被日伪政权改编，但一直与国民政府和二十九军保持联系，准备适当时机举行武装起义。

7月27日，日军对北平城的二十九军发动总攻，当日攻占了通州和团河的二十九军的营地。28日，又在南苑展开激战。总队长张庆余、张砚田趁通州日军兵力空虚，于28日午夜通电全国，举行起义，歼灭了通州地区日本的军、警、宪、特700余人，击毙了日本特务机关长细木繁，活捉了大汉奸殷汝耕。日军知道后恼羞成怒，一面派部队增援，一面派飞机轰炸。冀东保安队无法在通州停留，于29日夜晚向北平撤退，到北平城下始知二十九军已撤向保定。在通过北郊向门头沟转移的途中遭日军包围，冀东保安队孤军奋战，四面受敌，等起义部队到达保定与二十九军会合时，两个总队1万多人的起义部队仅剩下4 000余人。另外，分散在天津、冀东一带没有参加起义的三个总队万余人也先后被日军解除武装。

日军攻占北平城后，又在城区和郊县搜查二十九军和冀东保安队官兵，并对其大加残害。据战俘孙俍工回忆，日军进入北平后，他被抓进拘留所里，曾看到日本宪兵在审讯8个被搜查出来的保安队士兵时，用烧红的铁丝穿过他们的嘴巴，割去他们的鼻子、耳朵，割断前胸的肋骨，还在小腿肚子上割了几道缝，再用杠子压。有的战俘当场被活活折磨至死。

初步估算，平津沦陷后，被日军俘虏和解除武装的中国官兵及保安队员约2万人。日军当时在南苑、西苑、北苑、通州、丰台等地的二十九军兵营和冀东保安队兵营设立了临时战俘收容所，除直接送去充作劳工外，其余战俘大多数被押到北平的西苑兵营进行集训。

2. 西苑特别苏生队

从辽金到明清，北京在很长时间里都是中国的政治、文化中心，都市建设在东方各国首屈一指，城内的故宫和西郊的颐和园更是闻名世界。北平西苑战俘营就坐落在皇家园林颐和园东侧的西苑兵营。这里原来是清朝御林军的兵营，后来变为吴佩孚的兵营、国民党中央军的兵营。二十九军进驻北平后，抗日最坚决的三十七师师部就驻守在这里。该营区除有宽敞的练兵场外，还有四座排列整齐的营院，每个营院都有十余栋坚固的二层小楼。日军占领北平后，也把这里作为日军的兵营驻以重兵，同时把其中东北角的一处营院作为关押战俘的集中营。因为它一直关押战俘，所以人们称其为“北平战俘营”。

北平战俘营直属华北方面军（代号甲字1400部队）参

图3　北平西苑战俘营南大门

谋二科直接管理。据幸存战俘回忆，这里曾用过“北平第一收容所”“北平特别苏生队”“北平西苑苏生队”“华北派遣军俘虏收容所”等名称。据日本战犯上村喜赖交代，日军占领平津后，北平天津地区的野战司令部没有自己的前线临时俘虏营，所以前线的俘虏都送到西苑。它既收容华北方面军直属部队前线作战的俘虏，满足平津日本军政机关使用劳工的需要，同时也承担一些战俘中转的任务。太原、石家庄等地战俘营的战俘容纳不下时，也整批地转送到这里，经过一段集训后再送往各地充作劳工。战俘营建立后，经常关押的战俘在3 000人左右，1941 年 5 月中条山战役后，战俘人数增加到9 000人。在日军占领的 8 年时间，西苑战俘营和早期南苑、北苑、通州、丰台等地的临时俘虏收容所中关押中国战俘的人数，最少在5万以上。

图4　原北平战俘营关押战俘劳工的两层楼房，图为作者之一何天义考察时留影（何天义研究室征集提供）

北平战俘营大门朝南，南北长，东西宽，迎着大门是一条宽阔的大路，路的最北面是主楼，大路东西两侧各建有五栋坚固的两层楼房，楼的外侧建有数间公共茅厕。楼房的东面有个大操场。四周筑有高高的围墙，围墙上架有铁蒺藜和电网，四角的岗楼上有日本兵站岗，围墙外边有铁丝网、电网，还有约1.6米宽的水沟，水沟外面是马路，昼夜有日军巡逻。战俘营的大门两边有两个岗楼，驻有日军一个班，控制电网的总闸就设在门口的日军值班室。北平战俘营北面的主楼住着日军管理人员和日军小队。东西两侧的楼房住战俘劳工，楼下还有医务室、病号室、隔离室、太平间等。院内每天都有手提军刀、端着枪刺的日军监视着每一栋牢房。

战俘营除日军管理人员外，还采用俘虏管俘虏的办法，让国民党中央军被俘人员管理共产党八路军被俘人员。整个战俘营为一个总队，由一个国民党被俘军官担任总队长。总队下设几个大队，大队下设若干中队，每中队设若干班，每班约 50 人。大队、中队根据战俘营关押的人数而定，据说 1941—1942 年关押战俘较多时，设的大队比较多；1943—1944 年一般只设三个大队。大队、中队各设有队长、副队长，班设有班长。每当送劳工外出服役时，再另行编设大、中、小队。

总队部下设几个办公室：事务室，负责全部被俘人员的伙食和物资管理，下设有炊事房、理发班、仓库；审查室，负责对来往人员的登记审查、监督、秩序维持；医务所，也叫医院，名义上为病人看病，但缺医少药，进去看病的人很少能活着出来；文化室，是临时组成的歌咏队、话剧组，演完后就解散。另外还有一个警备队和一个特殊情况班（特情班）。警备队由 100 多名国民党军队的战俘组成，负责人是国民党的一个团长，他们身穿黑制服，手持木警棍，专门虐待战俘劳工。特殊情况班的人员是由各地送来时就指定的，情况不详。

战俘进了战俘营就不再叫名字，一律按天干地支的顺序编班编号。一些战俘在一起住了一两年都不知道对方叫什么名字。战俘一般是一个大班住一间屋子，30 平方米的屋子关押 50 多人，有的大房间竟关押了 100 多人。有的屋里有铺板，有的屋里睡地板，上面铺张破席片，再发给一块破毯子盖。有时发给战俘的破毯子只有半米大小，根本没法盖。破毯子也不知被多少人用过，又黑又臭，稍用力一拉就掉下一块。战俘们只好从毯子上抽几根线，把几块碎毯子连在一起；有的用柳条穿在一块，几个人共同盖。有的在地上铺些乱草，草中跳蚤成堆，加之衣被、毯子常年不洗，衣服和被子上的虱子多得没法处理，只好用席棍绑成小扫帚往下扫，扫成堆后再用脚将虱子搓死。由于关押的人太多，牢房里拥挤不堪，十分肮脏。牢房里的老鼠又多又大，到处乱窜，每天晚上成群结队地出来，咬伤睡着了的战俘劳工，咬掉死亡劳工的鼻子、耳朵。因为房子里阴暗潮湿，多数人都患有疥疮等皮肤病。夏天，室内闷热，空气混浊酸臭；冬天，不生炉火，刺骨寒冷。

有些战俘是夏天穿着单衣被抓被俘的，在战俘营待到冬天时，单衣破烂不堪，又不给发棉衣，只好光着脚，身上围着麻袋片、破草席，或者往身上缠草绳子御寒。身上无衣，腹内无食，很多人在睡觉中被冻死。因为天冷，晚上睡觉时，战俘们两三个人搭伴儿挤在一块睡。有的人睡觉时还是好好的，可是越睡越凉，用手一推，人已经死了。有的一个班在一个冬天竟被冻死近半。病房的尸体塞满了，只好将尸体码在病房门外，趁黄昏或清晨用车拉出去埋掉。

战俘营每日两餐，外出干活者加一餐。每人每餐一小碗小米饭或高粱米饭。每当开饭时，由各班派人用木箱子到厨房把饭抬回来。木箱子如同喂牲口的木槽，夏天还好说，冬天抬回来常常是凉的。木槽往地上一放，开饭哨音一响，一栋楼几百个人就上来抢饭，身强力壮的能多抢点，吃个半饱，体质弱的挤不到跟前，就很难吃到食物。有的战俘能有个破碗，有的没碗只能用衣服兜，用手抓着吃。据战俘胡云泽回忆，营内永远吃不饱，一些战俘劳工饥饿难耐，就趁外出干活时挖白菜根和野菜吃。一些人因为吃了有毒的野菜而嘴唇发木、浑身发肿，被日本人发现了还要遭一顿毒打。北平战俘营唯一的好处是院子里有条沟，山上的泉水可以流进沟里，另外还有一口井，战俘们渴了可以偷偷到井边和水沟里饮水。

图5　原北平西苑战俘营围墙外的水沟遗址（何天义研究室征集提供）

据战俘田瑞生回忆，营里一天两顿饭，每顿饭就用勺子盛一小撮，一天的饭加起来也就半碗。小米是发霉的，高粱米是带壳的。特别是高粱米，吃多了会上火流鼻血，不少人患了病，因流血过多而身体垮了。有的吃了高粱米又喝冷

图6　田瑞生，河北省盐山县人，1938 年参加抗日，1944 年 2 月被俘。被俘后先被关进盐山监狱，后被押到北平战俘营，送往日本充作劳工，曾参加秘密党支部的斗争

水，因而被胀死。一位叫刘建国的战俘因吃高粱米而鼻子流血不止，高烧持续不退，每天迷迷糊糊，难友们见他病重，找随队卫生员要来几包药，出于求生的本能，他一口就把几包药全吃了下去。发烧流血止住了，但他却昏睡了好几天，等醒来一看，头发眉毛全掉光了，人也瘦得不成样子。

3. 电网里的罪恶

北平战俘营院内的高墙上堂而皇之地写着："建立大东亚共荣圈""中日一家，和睦亲善""皇军优待俘虏"等大幅汉字标语。但日军对手无寸铁的中国战俘视如草芥，随意打骂，任意折磨。

战俘被押进北平战俘营进行点名登记时，日军让其站成一排，一边点名，一边用木棍敲战俘劳工的脑袋。有的被打得头破血流，有的被当场打昏在地。然后由日军带领警备队搜身，搜出的钱财和物品都进了日伪人员的腰包。接着让俘虏脱下身上穿的衣服，换上战俘营发的旧衣服。如果战俘私藏钱物没有上交而在搜身和换衣时被发现，就要挨一顿毒打。普通农民吴俊发就亲身经历了这一虐待与残害。

吴俊发家住河北霸州市南孟村，祖祖辈辈是庄稼人。1943 年阴历八月十四，日军到南孟一代“扫荡”时，首先制造了“姜家营惨案”，使姜家营变成了血流成河的无人村，接着又杀气腾腾地包围了南孟村，不满 18 岁的吴俊发和本村的一批年轻人被当作八路嫌疑犯，日军用一条绳子拴住他们，押到汽车上拉走了。

当天下午，他们就被拉到了北平西苑战俘营。日本兵端着带刺刀的长枪驱赶着这些用绳子系在一起的庄稼人，像赶牲口一样把他们赶进了岗哨林立的战俘营大院。日本兵用皮鞭和棍棒先把他们拢到一起，赶到围墙的铁丝网下。一个年龄稍大的日本军官走过来，开始对他们训了一阵话，又说：“谁是八路？皇军优待，放他从这墙上爬出去……”有两个日本兵立刻抬来一个梯子搭在了墙上，在场的中国人谁也不相信日本人会发善心，大家都不说话。

有个身材粗壮的小伙子被日本兵拉出了人群，那个年长的日本军官示意他可以上梯子往墙外爬回家，小伙子不知道日本人安的什么心，所以不敢爬梯子。这时，又走过来两个日本兵，用刺刀逼着小伙子必须上梯子。

图7　北平战俘营原是清朝御林军的兵营，墙高楼坚，墙上还有铁丝网和电网，战俘关进去后很难逃离（何天义研究室征集提供）

提心吊胆的小伙子蹬上梯子扒住高墙，两名日本兵突然撤走了梯子。小伙子怕从墙上摔下来，本能地抓住了墙上的铁丝网，只听一声惨叫，小伙子立刻就挂在了铁丝网上，粗壮的身体马上被烧得抽缩成一团。这些只知道使用油灯照明的农民哪里知道电的厉害，原来高墙上的铁丝网是防止越狱的高压电网！

“说！谁是八路？谁通八路？”日本军官高声吼起来：“你们不说，那就统统都是八路！”他的话刚说完，立刻冲上来一群日本兵，挥舞着皮鞭和木棒劈头盖脸地朝这些手无寸铁的无辜百姓一阵毒打，当场就打死了好几个人！日本兵的兽性发作完之后，把这些伤痕累累的中国人编队、分班，押进了牢房。

战俘营每天都要点名出操，点名要用日语报号，一些战俘劳工因记不住自己的日语号码，又听不懂日语，一时答不上来，常常被日军左一巴掌、右一巴掌地打耳光。有的被打得口鼻出血，有的被打倒在地，还被日军用皮靴乱踢。

日军规定战俘在室内不准说话，不准交头接耳，大小便也要向警备队报告，否则，便被诬指为企图暴动越狱，轻则毒打，重则丧命。一个劳工想爬墙逃跑，被日军发现后，当着全体俘虏的面让新调来的日本兵用刺刀将其穿心捅死。两个俘虏用小铁桶在屋里烧开水，被日军发现后，也当即被砍死。一位中国老人，不知什么原因被日本兵打得死去活来，最后又被扒光衣裳，捆绑着塞进一个钉满铁钉的破木桶中，木桶里全是长长的钉子尖儿，日本兵还用钉子把木桶钉上盖儿，然后把木桶放倒，几个日本兵轮流用脚踹。随着木桶在地上来回滚动，桶中传出老人声嘶力竭的惨叫。日军折磨战俘劳工的刑罚很多，如灌辣椒水、灌煤油、倒挂活人、压杠子、电刑、火烫、砍头、开膛、喂狗、活埋等。

一个战俘发高烧后被日军发现了。日本人美其名曰要给他退烧治病，却把他五花大绑地拖出牢房，强迫其跪在雪地上，往其身上堆雪，堆到只露出一个脑袋。一会儿的工夫，这个战俘便不声不响地冻死了。

4. 李大哥的遭遇

1944 年 4 月，八路军战士刘智渠、刘小碗、王诚汉到河北定县火车站侦察时，同日军及铁路护路队遭遇，子弹打完后不幸被俘，先被日军押到石家庄战俘营关了一个月，后又被转送到北平战俘营。在石家庄战俘营时，因为生活条件恶劣，战友刘小碗被敌人殴打患病而折磨致死，刘智渠又认识了两个新难友，一个是刘当路，一个是李医生。因为李医生经常帮难友们治病疗伤，很受大家尊重，人们都叫他李大哥。闲谈中，刘智渠了解到李大哥一家被捕的经过和遭遇。

李医生当时 30 多岁，家住河北藁城，在县城开了个小药铺。他的岳父在乡下生了病，他让妻子带着药品和家信，回家探望。当妻子领着 4 岁的女儿杏儿回娘家时，出城门时碰到日军的检查，硬说他娘俩是到游击区给八路军送信的。然后又到李医生的药铺里进行搜查，并把李医生逮捕起来。经过多次拷问、毒打，也没有得到任何证据，就将其作为八路军“嫌疑犯”抓了起来，把一家三口都送到石家庄战俘营。据说，日军已经把李医生的妻子和女儿转到北平战俘营了。

进入 5 月，洛阳战役结束后，一万多名国民党战俘被转送到石家庄，石家庄战俘营人满为患，只能被转送到北平战俘营。于是刘智渠这批战俘被挑选出来押到火车站，上了闷罐车。

火车是有顶货车，没有窗户，也没有座位，战俘劳工像沙丁鱼一样一个车厢里硬塞进了 100 多名。日军把货车的门关上后，在外面加上了锁。车内漆黑一团，人挤着人，渐渐地，大家都感到闷热和呼吸困难。幸亏货车的四壁和地板之间有些缝，大家就用嘴贴着这些缝隙，尽可能地呼吸外面宝贵的空气，来延续自己的生命。即使这样，也还是有两个人窒息死了。

火车时走时停，约有一昼夜被禁闭在车内，没吃没喝，口渴使人更难忍受，刘智渠的脑子里充满了想喝水的念头，干渴使他要疯狂了！

好容易才停了车，这里是北平清华园车站。他们整了队，连休息的时间也没有，就被押往西苑。在他们后面紧跟着一辆架了轻机关枪的大卡车，两旁有许多拿着手枪和三八式步枪的日本宪兵和士兵。每十个俘虏被绳子反绑着捆在一起。路上好像已颁布过戒严令似的，看不见一个人影。

西苑俘虏营的院落非常广阔，这里至少可收容 1 万人。一进门，他们就被要求挨个更换衣服，旁边站着一个穿着中国衣服，又像日本人模样，手拿一根铁鞭的人监视着他们。每当一个俘虏脱下石门俘虏收容所的衣服时，这个人便用铁鞭揍一下俘虏裸着的背脊。他一边打着人，一边咆哮着："是谁教你小子抗日的？好好记住金翻译老爷的面孔吧！"

"金翻译？"刘智渠吃惊地想："这也能算是中国人吗？这小子已经泯灭了天良。"后来才知道，此人是韩国人。

刘当路、李大哥和刘智渠仍分配在一间屋子里。这里被殴打的次数与死亡率和石家庄战俘营一样，只是送到的"俘虏补充军"不及石家庄频繁，可是只要一来，就是大批的。

李大哥因听说过他的妻女被送到西苑俘虏营了，自到这里以后，就抱着很大的希望，总想获得一些确实的消息。可是，由于行动不自由，他一直得不到什么消息。渐渐地，他从失望变得非常沉默，一个人流泪哭泣着，自言自语着。

刘智渠到这里不久，大腿就红肿起来，非常疼痛，最后连走路也感到困难，每天吃饭时，总是刘当路帮着送碗。一天，他发现送粥来的俘虏中有一块儿被俘的战友王诚汉，便惊喜地忍着腿痛，三步并作两步地奔过去。这时，日本兵正在远处聊天，没有注意到他们这边，他俩便匆匆交谈了分别后所遭遇的事。一听说刘小碗死了，王诚汉便恼恨得热泪横溢。王诚汉指着自己的住处说："我现在就住在那儿，旁边一个屋子里全住着女俘……"

一听到女俘，李大哥忙插嘴问："其中是不是有我的妻子！她今年25岁，比我矮半个头，手脚都很大，头颈上有一颗黑痣，还带着一个4岁的小姑娘……"

王诚汉看到李大哥那焦急的样子，非常同情地说："屋里人很多，有年老的、年轻的，也有小孩，每回抬粥去，总是放在门口就回来了，看不清里面的人……今后要是有了消息，我一定来通知你。"接着，王诚汉用充满愤怒的声调，轻轻地和刘智渠说："金翻译那家伙简直不是人！他经常往女俘虏的屋里跑，有一回我抬粥去，见他正调戏一个十三四岁的小姑娘呢！在我住的屋子里，经常在夜里听到隔壁屋子里女人的哀号声和金翻译发脾气的吼声……"

王诚汉好像不忍再说下去，刘智渠的心就像刀割一样疼痛。

就在那一天吃过晚饭以后，屋里便没有了李大哥。刘智渠以为他出去小便了，也没有在意。但不久，远处传来了一阵嘈杂的谩骂声，仔细一听，是金翻译在发脾气和用铁鞭打人，他怒斥说："你这死不了的家伙，一个人鬼鬼祟祟往女人屋里跑干什么？到这个地方还想搞鬼吗？想做暗探?"接着就听到有人被打得直呻吟。刘智渠听着像是李大哥的声音，不禁出了一身冷汗。嘈乱的声音渐渐平息下来，可是李大哥再也没有回来。听说他被打得连动也不能动了，被抬到隔离室去了。

又过了几天，一个早上，王诚汉照例抬着粥桶来为他们送饭。他带着激动的语调低声对刘智渠、刘当路说："昨天夜里，那个禽兽不如的金翻译又到了我隔壁的屋子里，想强奸一个妇女，却遭到她的坚决反抗。这个坏蛋强奸未成，就把妇女所带的、吓得大声啼哭的小姑娘扼死了。妇女抱着小女孩的尸体整整哭了一夜，天亮却不见她的影子了。今天早晨，在井里发现了她的尸体，捞上来时已断了气。这粥就是用那口井的水煮的。"刹那间，屋子里一片沉寂。人们的心里充满了愤怒。

王诚汉又偷偷对刘智渠说："据看见尸体的人说，这妇女的头颈上像有一颗黑痣啊!"

"李大哥!"刘智渠情不自禁地几乎喊出来，眼泪一滴一滴地落到手上端着的饭碗里。

正在这时，金翻译走了进来，他命令大家立即到院里集合。于是大家赶紧走出去，刘智渠因为腿痛不好走，由刘当路扶着跟在大家后面。

院子正中升旗台的旗杆上，捆绑着一个脱光了衣服的青年。日本兵叫他们跪在升旗台的周围，一会儿，有个日本军官站在旗台旁的土墩子上“训话”，金翻译做翻译：“这个被绑的俘虏，是在命令他抬尸体去埋葬的时候企图逃跑，当场被皇军打了一枪负伤倒下的。现在为了让大家看看，就在这里处刑……”

刘智渠抬头看了看捆在旗杆上的青年，他的腿上鲜血还在滴答。

行刑开始了。一小队背着步枪的“帝国皇军”正步走到旗杆前面，每一支步枪上都带着闪闪发光的刺刀。军官一声令下，就有两个日本兵从队伍里走出来，端着枪做立正状。接着，他们一边大声叫着，一边以旗杆上的青年为目标进行冲锋、劈刺，两把刺刀完全插进青年的体内。惨痛的叫声过后，青年的头突然垂了下来。

刘智渠咽了下口水，闭上了眼睛。等他睁开眼时，两个日本兵正把刺刀拔出来，鲜血从两道伤口里喷射出来。细的、粗的血流，把黄色的土地染成了鲜红。两个日本兵完成了任务，回到了队里。军官又下了命令，另外两个日本兵由队伍里跑出来，像刚才一样刺杀着。等这排士兵都轮流演习完了，死刑的执行才算告终。

魔鬼金翻译手拿铁鞭，绕着跪在周围的战俘走了一圈，嘴里吼叫着：“还有想逃跑的人吗?”他走到刘智渠跟前时，见刘智渠垂着头，就拧他的耳朵，使他的脸仰起来。刘智渠气得颤抖起来，金翻译便举起铁鞭，对着刘智渠的大腿打了一鞭，还用脚使劲踢他的小腿，然后才得意扬扬地走开。

这场杀气腾腾的“演习”结束后，又是刘当路帮着把刘智渠扶回屋里。刘当路一面叹气一面说：“从前在石门收容所衣服被脱光，大家叫它‘剥皮地狱’，而这里简直是‘阿鼻地狱’了啊！逃是死，不逃也是死，几时才能越出地狱重见阳光呢?”

5. 隔离室的呓语

刘智渠的大腿自被金翻译打了一铁鞭以后，越发肿得厉害，最后就被送进隔离室。

隔离室里的病人有半数以上是被殴打致伤的，大家的伤口溃烂着，因为没有消毒药品，皮肉腐烂的臭味让人一进屋就不得不掩上鼻子。成群的苍蝇聚集在伤口溃烂的地方，向没有力气的病人进攻。

李大哥的铺位离刘智渠的不远。他的背上简直没有一块好肉，皮肤腐烂得变成了蛆的培养所。他时常发烧，每天除了呓语以外，总是流着眼泪。刘智渠想安慰他一下，可是他总是没有回答。据看护的俘虏说，他不仅精神上有病，眼睛也已失去视力，变成了瞎子。

一天晚上，刘智渠又听到李大哥悲惨的呓语声：“杏儿……杏儿的妈……”声调已经和往常不一样，变得非常微弱。刘智渠忍着脚痛走到他的床边，低声叫了一声“李大哥”，可是，他似乎听不出是谁的声音，把刘智渠伸出去的一只手拉住了：“杏儿的妈，你来得正好啊！我已经不行了……你只要在我的旁边……我死了也不会感到孤单……也不会感到孤单哟!”这样说着，他的嘴边浮起了好久没有见到过的微笑。

但是，微笑一会儿就消失了。

“杏儿，可怜的孩子……爸爸现在看不见了，你在哪儿……”他像是寻找什么，摸了摸床边，但是什么也没有：“杏儿的妈！……你自从和我在一起，吃过了许多苦，现在……我先走一步了……今后，你们怎么活下去呢……辛苦你把孩子养大成人……叫他给爸爸报仇……报仇……”李大哥的手渐渐没有了力气，落到病床边沿了。刘智渠的两眼已热泪盈眶。

李大哥死后，刘智渠连片刻也不愿再留在隔离室了。他的四周不断出现李大哥的影子，他的耳朵里不断地听到李大哥“报仇哟！报仇哟！”的喊叫声。

终于，刘智渠说服了看守，回到原来的屋子。7 月下旬，他的大腿虽然没有痊愈，但比起以前好多了，能够正常行走了。不久，日军挑选 300 名战俘到日本秋田当劳工，刘智渠和刘当路都被选上了。他俩在日本参加了中国战俘劳工举行的“花冈暴动”，回忆起在石家庄战俘营和北平战俘营的经历，他们都难以忘怀李大哥一家的悲惨遭遇。

二、战俘劳工的血泪

1. 苦难与死亡

温南文原在河北定南县武工队工作，1944 年秋天在寨西店火车站执行任务时，被日军华北特别警备队一四一七部队抓捕，先被送到石家庄东兵营一四一七部队队部，然后被送到北平西苑特别苏生队。

阴历九月十四，他们一行几百人被押上火车，送往北平。押解之前，他们同一牢房的 30 多个难友，在吃饭以后曾偷偷留下一个饭碗，趁看守不注意，压在屁股底下把它坐碎，每人分得一小片，准备路上暴动时割绳索用。可是上火车时，他们 30 个人被分开了。他们这节车厢有 40 多人，原来同一牢房的只有 10 多个人，而且全被反绑着，由日本兵押着。路上，一个战俘用碎瓷片割断了自己的绳子，正在给别人割时被日本兵发现了，一刺刀刺过去，那个战俘立刻满脸是血……因为人心不齐，瓷片又太少，暴动失败了。

温南文这批战俘被押解到苏生队以后，首先由警备队搜身。日伪管理人员让战俘们站成一排一排的，警备队叫他们把所有的财物都交出来。温南文没有交出身上带着的二十几元伪币，因为这是组织上交给他的活动经费，万一逃出去还得用它。警备队看没人交出财物，便一个一个地搜身。温南文的钱因为藏在袜筒里，没有被搜出来，但换衣服时连袜子也要脱掉，钱还是被警备队发现了。一个队员一边骂，一边抡起警棍劈头朝他打来。就这样，钱被搜去了，他还挨了一顿毒打。搜完身后，警备队让俘虏把衣服脱光，换上旧的俘虏衣，但战场上被俘的八路军不换俘虏衣，仍穿原来的军装。

图8　北平战俘营强迫战俘学日语，以达到奴化教育的目的（何天义研究室征集提供）

俘虏进战俘营后，按天干地支排号，温南文被排为戊字0046号。他们40人为一班，住一间屋子，设正副班长各一人，从俘虏中指定。屋里有铺板，上面铺几块破席。每人发给几块约有50厘米见方的碎毯子，他们就抽下毯子上的线把几个人的碎毯块连在一起，大伙儿共同盖。这里每天两顿饭，每顿给一木箱小米饭、一木箱水，由班长分配。班长一大碗，副班长一平碗，其余人只有半碗（约一两半）。吃不饱，饿急了，战俘们就趁干活时偷挖地里的白菜根吃。但若被人发现，也要挨一顿毒打。

图 9　日军对战俘劳工进行军事训练（何天义研究室征集提供）

日军刚刚占领平津，又开始分三路进攻华北，因为急需大批劳力修路筑桥，兴建军事设施，所以，日军先把平津地区的战俘送去修筑承德到古北口及古北口到通州的铁路；有的俘虏被送到张家口、大同等地修筑军事工程；还有一些战俘被编成伪军送往张家口，配合日军围剿抗日军队。因为战俘们有抵触情绪，不愿意去打同胞，日军又把这批战俘送往石景山制铁所（首都钢铁公司前身）充当劳工。同时还把大批被解除武装的冀东保安队战俘送往吉林丰满水电站，在冰天雪地里挖沙挑石，多数人都客死他乡。

留在北平战俘营的战俘，每天还要到市区、城郊服苦役建仓库、筑工事、修公路，几乎每天都要干十几个小时。有时到附近的日本兵营做劳役，有时被押去给日军修筑军事工事。

温南文他们这批战俘到先农坛南城墙下挖过洞，也到德胜门内喇嘛庙北城墙下挖过洞，还为日军修建过汽油库、弹药库。每天从早到晚不停地干，需要劳动十几个小时，做些挖土方、打洞、运料的活。由于吃不饱，再加上患病，大部分人全身浮肿无力。监工人员见谁不使劲干就棍打脚踢，有的人被打得再也爬不起来。晋察冀三分区定北县特别区区长刘尚仁患有严重的疾病，但也得去做苦役。在先农坛挖土时，他病得动不了，日本兵不但不给治病，反而把他扔在俘虏住的席棚外。刘尚仁的耳鼻口眼全部生了蛆，最后惨死在那里，被埋在南城城墙下。

不外出劳动时，俘虏在屋里彼此间不许说话，白天只准坐着。警备人员值勤时，每天都会找碴儿毒打俘虏。一天夜里，一名俘虏因拉肚子去厕所没来得及报告，警备人员看见后说他是有意逃跑，将他毒打一顿后处死了。

温南文他们进去时，天已经很冷了，但楼里根本不生火，西北风一刮，刺骨的冷。身上无衣，腹内无食，很多人就这样冻死了。俘虏们进去时身体还好好的，待不了两个月，就垮得走不动路了。由于生活环境恶劣，到后来 90% 的人都得了传染病，全身浮肿，头肿得像柳斗，脚肿得连鞋都穿不上。得不到治疗，不少人被活活折磨死。

北平战俘营每天都死很多人，少则十几个，多则几十个。各个牢房里每天都往外抬死人，有病死的，有饿死的，大部分都是被日本人折磨死的……战俘劳工死后，先送到楼下太平间，然后由抬尸班用活底棺材或用板车往外拉，送到战俘营北边一个树林中的“万人坑”埋掉。抬尸体的几个人一班，活底棺材一次可装几具尸体，抬到坑边时，先把棺材上边的尸体抬出来扔进坑里，最后剩下一具时再把棺材的活底一抽，尸体便自动掉下去，然后把棺材抬回来下次再用。

1944 年夏天，北平战俘营发生了霍乱，死人很多，用棺材抬不过来，就用席子一卷，用绳子在两头一捆抬出去。因为战俘劳工饿得没力气，两个人抬一具尸体都抬不动，只好插上两根杠子，由四个人抬出去埋掉。一个大坑填满后，人们再在旁边挖坑掩埋。每到冬天，天寒地冻，挖坑费劲，就把战俘劳工的尸体扔在荒郊野地里。许多野狗被引来分食尸体，由于经常吃死人，它们见了活人也会追着咬。

有一次轮到温南文值班，抬的死尸中就有他的表兄宋栓尧。他含着眼泪把尸体抬到“万人坑”，悲痛的泪水夺眶而出，实在不忍心将尸体往井坑里扔。押解的日本兵见此情景，拿枪托使劲戳了他两下。他只得忍痛扔完死尸，抬起空棺材往回走。

图 10　现西苑商场北侧，原北平战俘营掩埋战俘劳工尸体的“万人坑”（何天义研究室征集提供）

2. 解剖室与炼人炉

日军对战俘的迫害十分残酷，时常利用人体进行医学试验。有时，日军还对战俘劳工普遍进行抽血，一次一个人就抽去几百 CC 的血。身体本就很虚弱的战俘劳工被抽完血后面色煞白，有的当即瘫倒在地，有的当场跌倒死去。所以，战俘劳工们痛骂医务室是传染疾病的传染室，是吸人血的吸血室。

除在战俘营对战俘进行残害外，北平日军还把战俘送到日军的细菌部队和军队医院进行细菌试验和活体解剖。华北方面军的细菌部队 1855 部队的本部就设在北平天坛附近，该部下设三课，第一课负责病理试验，第二课负责菌苗制造，第三课为细菌武器研究所。他们除领导、指挥华北各地日军细菌部队进行细菌武器的试验、生产、作战外，自身也进行武器的试验生产。

1855 部队第二分遣队的伊藤影明揭露：他曾亲眼看到日军把中国战俘押到 1855 部队第三课进行细菌试验。而同伊藤影明一起工作过的平川喜一则揭露说，1944 年夏天，日军曾连续 3 天从俘虏所押来 17 名战俘到第三课，带来时告诉俘虏是去医院，带去后则将俘虏戴上手铐、投进装设为监狱的房间。俘虏们绝食抗争，日军则给他们注射了一种细菌。注射后没过一天，这些俘虏就死了。死后又被拉到第三课，经过解剖后，又用卡车拉出去埋掉，再次押运新的俘虏来做试验。

图 11　用战俘做细菌试验、活体解剖的 1855 细菌部队第三课遗址、北平图书馆西侧的中国静生生物和社会调查所（何天义研究室征集提供）

在战俘营东边不远就是中国赫赫有名的高等学府清华大学，而被日本占领后，这里也成了用战俘进行活体解剖的场地。据清华大学的老校工李长禄、徐锡增回忆，1937 年 10 月 13 日，日军占领清华大学后，先在院内驻军作为兵站，后来又改为伤兵医院。日军伤病需要输血，就从战俘营押来战俘捆在屋里木桩上抽血；日本伤兵需要植皮，就将战俘的皮肉割下补日本兵的创伤；日本伤兵需要内脏器官，就把战俘开膛取下内脏器官。无辜的战俘被一辆辆大卡车押进清华园以后丧失了生命，又被送到图书馆后面的专门火炉焚化。

图 12　距离西苑战俘营不远的清华大学，当年是日军活体解剖战俘的野战医院，不少战俘在此被杀害。图为日本战犯在改造时前往参观（何天义研究室征集提供）

3. 吃人的狼狗队

在西苑的南面有个长辛店，是平汉铁路的一个火车站。这里的二七机车厂是当年铁路工人罢工的策源地。日军占领后，却在这里组建了狼狗队。驯养狼狗的部队长官姓加藤，所以对外称“加藤部队”。加藤手下有驯狗技师吉田和一群驯狗手，负责向华北日军训练、输送供作战用的军犬。

狼狗队设在长辛店铁路工厂的西部，占据 9 号到 22 号计 14 个院子。四周筑有高墙，墙上架有电网，岗哨林立，戒备森严。在空地的北部盖了上千间狗房，全是一米多高，卧砖垒墙、水泥匝地的排房。一条狗一间，由一个日本兵看管训练。狗的数目平时有三四百条，最多时不下千条。在狗窝排房的南面，有两幢青砖房，是狼狗队的狗厨房。大小狗分大小灶做饭，大狗吃的是牛羊肉、大米饭；小狗吃的是鸡蛋、牛奶，稍大些的增添肉和米饭。每条小狗配一套被褥，各有一名日本兵看管，日夜巡视。哪怕夜里小狗把被子踹开了，也会有人及时给盖上。

狼狗队驯狗，是为了到战场追咬捕捉中国抗日军民的，所以日军训狗时，总是让驯狗员穿上“八路军”的衣服，久而久之，这些狼狗一见了中国军民就上前扑咬。驯狗员作为假想敌驯狗时，都穿着帆布衣服，手、脸、脚部都戴上护具，以防咬伤。这样做毕竟不是实战，日本兵于是选择了新的对象。像太原的日军用战俘作为“人肉活靶”训练新兵一样，北平的日军也用战俘作为训练狼狗的扑咬对象。狼狗队的园里有一个水泥砌的游泳池，6 米来长，4 米来宽，3 米来深。日军经常把一个或几个战俘押进游泳池里，用枪逼着不准上来，然后放进一二十条狼狗，任其追赶捕杀，直到这些战俘被咬死吃掉。有时只剩下一堆骨头，有时人少狗多时连一根骨头都不剩。这样做既解决了狼狗的训练材料，又节省了狼狗队的食物。因为战俘营里有的是战俘，所以日军从来也不担心狼狗队没有训练的材料。日军为了遮人耳目，还把这种训练说成是“处决”——处决有罪的抗日分子。

1939 年夏季的一天，加藤亲自坐镇，将 18 个八路战俘押到游泳池处决。他还让军犬队的厨工马振山等人抬来了摄影机，计划一边处决，一边拍摄电影纪录片，供今后训练参考。院子里站满了人，除了驯狗师外，还有几十个押解战俘的日本兵。

第一个被放到池子里的战俘是一个 20 来岁的小伙子，浓眉大眼，虎头虎脑。面对大群的疯狗和日本兵，没有一点儿害怕的意思。只听日本兵喊了一声“喂塞——”一条大黄狗猛地一蹿，就到了这个小伙子跟前，小伙子非但不退缩，反而一个箭步迎了上去，拳打脚踢，与凶恶的大黄狗展开搏斗。不大工夫，正当大黄狗张开血盆大口之际，小伙子手疾眼快，一把攥住了狗舌头，用尽全身力气，大喊一声，硬是把狗舌头拽了下来。败阵的狗蹿出池子就跑，其他的狗也跟着跑了。所有在场的人都惊呆了、吓傻了，连拍电影的人也忘了自己的差事。

没等日本兵清醒过来，小伙子把手一扬，血淋淋的狗舌头就甩到了敌人群里，同时高喊：“打倒日本帝国主义!”“共产党万岁!”吓得日本兵们直往后退，加藤的脸都白了。扔出的狗舌头和喊出的口号声就像一颗炸开的手榴弹，日本兵哇哇乱叫，一片混乱。慌忙中，加藤拔出手枪，连连向小伙子开枪射击。这位真正的八路军，举着带血的拳头，瞪着冒火的眼睛，慢慢地倒下去了……

从此以后，日军对战俘再不敢放开手脚了，每次处决训练时，都把战俘捆得死死的，或把手脚砍去，再让狼狗来咬食。1939 年底，有段时间，差不多每天都有三四十名战俘或被俘抗日民众被狼狗活活咬死。

据原日军华北方面军士兵浅见和军犬饲养所士兵山田回忆：

> 1941 年 7 月的一天，加藤带领士兵把 50 多名中国战俘赶进游泳池。加藤站在池边大声下令：“开始袭击!”话音未落，600 多只军犬像潮水一样咆哮着扑向俘虏，有的撕咬喉咙，有的撕咬大腿，俘虏们惨叫着挣扎反抗，越反抗狼狗咬得越凶，它们咬住一口后，还左右晃动。眼看着 50 多个战俘倒在地上，死于非命，有的喉管被咬断；有的大腿被撕开，露出白骨；还有的睾丸被咬掉。令人发指的是，狼狗咬过之后，加藤下令把中国战俘剁碎，选一些肉煮熟，强迫士兵们吃。

狼狗队的日本人和他们的狼狗一样，没有一点人性。一次处决一个文静坚贞的年轻姑娘时，加藤竟然用刀把姑娘的头砍下来，放在锅里把肉煮掉，把头骨放在办公桌上用玻璃罩罩上当摆设。驯狗技师吉田更为残忍，除训练狼狗扑咬战俘外，自己也经常用战俘做人靶，用军刀杀人，练习各种砍法，还经常把人开了膛取出心和胆，晒干了卖钱。“万人坑”里的人骨头，也被成批地运走做骨粉卖钱。

杀死成千上万的中国人，日本兵不会动一点恻隐之心，可是对他们的狼狗，却十分慈悲。死了狼狗，如丧考妣一般。先要将尸体火化，把骨灰放入特制的骨灰坛里，然后在隆重的仪式中，把坛子放入坚固美观的狗坟中。狗坟就在狗厨房的南边，是圆形的砖石结构，上面建塔，下面用花岗石筑墓穴，里面用水泥铺就，周围砌许多小格子台放置骨灰坛。门口朝南，前面有石碑，左右有汉白玉石狮子，四周种松柏。每逢祭日，日军都要给狗献花圈、办法事，请日本和尚念经，为狗超度灵魂。这样的仪式，一年要举行好几次，还要拍成电影。这同被狼狗咬死、扔在“万人坑”里的战俘尸骨对比，是多么大的反差，中国人的一条命，不如日本的一条狗。这就是日本军国主义的“文明”，这就是日本军国主义的“道德”。

4. 虚伪的宣传

德国天才谎言家戈培尔为了美化纳粹屠杀犹太人的集中营，曾亲自布置现场，并选择与自己相好的德国女明星勒尼·里芬施培尔拍摄了一部反映达豪集中营的电影，大肆鼓吹纳粹替犹太人建立的“新乐园”。如出一辙，日本侵略者也在中国的华北弄虚作假，拍摄了一部美化战俘营的新闻纪录片《北平特别苏生队》。

在采访中，笔者听说日伪的华北电影制片厂曾到石家庄集中营拍摄了一部反映集中营生活的新闻纪录片，于是几次到中国新闻电影制片厂、小西天中国电影资料馆翻阅目录、查看胶片，结果没找到石家庄战俘营的新闻片，却找到了北平集中营的新闻片《北平特别苏生队》。片子是伪华北新闻电影制片厂拍摄的《华北新闻》，其中有几分钟时间记录了北平特别苏生队。

1944 年 1 月底，当时的南京汪伪政府突然派来一个工作组到北平战俘营，进行了一次宣传攻势，搞了一系列政治活动。为首的是南京伪政府的一个政治部部长，他给战俘劳工训话说："一个人在被俘时有两种选择，一是慷慨就义，一是委曲求全，你们当时没有能做到慷慨就义，而现在只有委曲求全了。这就要听从指挥，服从管理，保养身体，延长生命，总有一天可以出去与家人团聚。"并号召有特长的人，如绘画、缝制衣服、理发、木工、铁匠等，都可报名到收容所里参加活动，而且可以吃饱饭。日伪管理人员还在战俘中组织歌咏队和话剧团，活动了半个月，演了一出戏，唱了两首歌，同时还带来一个传播佛教思想的日本和尚，教大家念经打坐。

为了欺骗社会舆论，他们还在拍片时弄虚作假，制造假现场，伪造事实。战俘劳工本来吃的是发霉的小米和高粱米，而且是在院外蹲在地上吃，日军却特意蒸了几笼白面馒

图 13　日伪当局为欺骗舆论在北平战俘营组织文艺演出

头，做些熬菜摆在桌子上，让战俘劳工在食堂的餐桌上吃；战俘劳工本来没有被子，铺盖的是烂草破席脏毯子，日军却在一个屋里放着叠得整整齐齐、干干净净的被子；战俘劳工本来都饿得面黄肌瘦，穿得破破烂烂，日军却挑选一些刚抓进战俘营、身体还未被摧残的战俘，洗洗头、理理发，换上统一的、干净的服装，让他们唱“新民歌”，做“新民操”；战俘劳工本来没什么文化生活，日伪当局和新民会特意派遣社会上的剧团进战俘营演戏，调度电影队到战俘营放电影。

据说当时唱的歌有《人生几何春》，演的电影有《何日君再来》。在战俘劳工观看演出时，伪华北电影制片厂将现场的情景拍摄成纪录片，然后拿到社会上播放，以此美化日军的俘虏政策，为日军歌功颂德。

图14　日军强迫战俘在战俘营做“新民操”，并拍电影对外宣传

这部纪录片至今还存在小西天中国电影资料馆，不了解历史的人看后，会觉得日军对中国俘虏是那样的优待，但当知道内情的人和当年的战俘看后，都说这是弥天大谎，是历史的欺骗。

除此之外，日军还对抗日军民散发“投降票”，把俘虏改编成皇协军、和平军、治安军等，以此欺骗战俘，为其服务。

5. 不屈的反抗

北平战俘营恶劣的环境使战俘劳工无法生存，一些人不甘心受辱，有的跳楼，有的跳井，以死抗争。不少人利用外出劳动、埋尸等机会逃跑。尽管逃跑被抓回去会遭到杀害，但逃跑者还是不断出现。一个山东籍的战俘曾用胳膊夹着一个十几岁的孩子，接连跳过了集中营的围墙、电网和水沟，成功地逃了出去。而另一名山东籍俘虏在黑夜跳电网时却被电击中，活活烧死。第二天，日军把战俘劳工集合起来参观，借此吓唬想逃跑的战俘劳工。

战俘劳工中的共产党员秘密建立了地下党组织，营救干部，保护战友。被俘党员一度曾占据了集中营审查室的位置，他们利用职务之便，在审讯登记时，明面上给日本人办事，暗地里掩护了一批党员干部，使他们不暴露身份。在安排大队长、中队长、班长时，尽量安排共产党八路军的被俘人员，避免让国民党被俘人员当队长后欺压战俘。被俘前担任区长的杨忠礼（化名李志新）被关进北平集中营后，眼睛上火看不清东西，身体一天不如一天，正是秘密党组织成员李伯林等人的关心照顾，才使他的病情有所好转。被俘党员和秘密组织进行过多次反抗斗争，主要是抵制日军的奴化教育和反动宣传；在劳动中进行怠工和破坏；组织暴动和逃跑；等等。战俘营每天让战俘劳工读“新民报”，唱“新民歌”，做“新民操”。战俘劳工就用消极的态度对待。有一次，敌人要求每人给家里写一封信，宣传“皇军厚道”，要家里来人保释。一些八路军战俘就鼓动大家抵制，借口不会写，或者说家在根据地写了信也寄不到，使敌人的阴谋无法实现。后来，敌人又发放报刊材料，宣传日军的强大，八路军战俘便借口“学习报刊”，宣传日军必败、抗日必胜的思想。

战俘营的日伪人员和翻译时常敲诈被俘人员，克扣战俘劳工的伙食。一度，战俘劳工每顿饭只能吃半碗高粱米饭。被俘的共产党员安鸿印等人就秘密组织大伙进行了一次争取吃饱饭的斗争。他们首先团结八路军战俘和农民群众，然后做国民党战俘的工作。这批国民党战俘劳工是被送到东北做苦役后又送回来的，他们从东北回来时穿着棉大衣，大家劝说他们把棉大衣等物摆出来卖，并放风说“翻译官要钱，不给钱就不给饭吃，卖东西是为了换钱给翻译官，以便吃饱肚子”。敌人怕把事情闹大，把炊事班长打了一顿，又调走了翻译官。战俘劳工的伙食因此也有了改变，每顿饭由半碗高粱米饭增加到一碗。此事也提高了八路军战俘的威信。

1944 年春天，一个劳工大队长（红军干部，姓名不详）和共产党员慕容海、杨忠礼等人秘密策划暴动，准备用竹竿

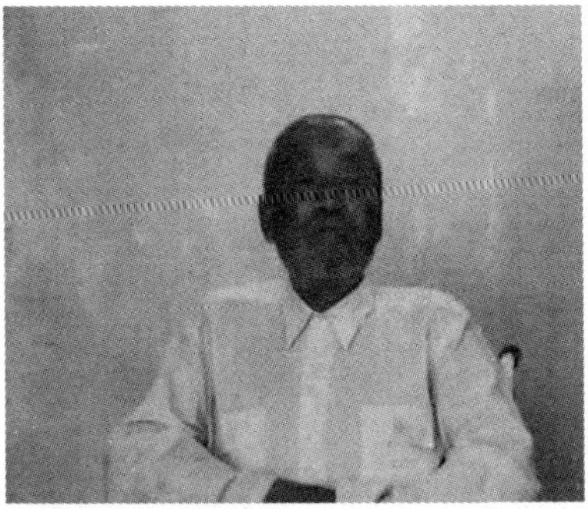

图 15　杨忠礼，河北省丰润县人。1944 年担任抗日区长时被日军抓捕，先押到北平战俘营，后强掳到日本长野当劳工。在日本组织暴动逃跑时被抓，先后被关押在东京、北海道等地，日本投降后归国

搭在电网上设法逃跑。就在暴动当晚的前夕，敌人突然吹紧急集合号，原来暴动的机密泄露了，大队长等暴动骨干被抓。敌人把几千名战俘劳工集中在一起训话，当众把大队长的心挖了出来扔在地上，其景惨不忍睹。第二天又把这支劳工队换到另一栋楼房关押，并把房门钉住，不给吃喝，只准躺着，一直饿了三天，不少人死在屋中，直到第四天才把他们赶出屋，三个人捆成一串，押上火车送往日本充作劳工。

图16　侵华日军关押战俘劳工的北平西苑兵营遗址碑

三、一支国军劳工队

1. 从中条山到清华园

田春茂，1938 年在陕西参加国民党军抗日游击纵队，同年冬，该纵队改编为游击师，东渡黄河开赴山西晋南中条山区阻击日军，在“大战山郎山”“夜战横东岭”“血战大黑山”“硬攻夹嘴山”“原子坪白刃战”“张马街、马头槐肉搏战”等数十次战斗中同日军拼杀，将日军死死阻截于黄河东岸。

1941 年春，日军发动中条山战役，一面动用飞机狂轰滥炸，一面抽调重兵分割包围，使晋南抗日部队指挥失灵，损失惨重。田春茂所在的游击师突破日军防线，与敌周旋，终因寡不敌众，被日军围困在一个山头上。当时全连仅剩 27 人，其中还有 4 个伤员。他们弹尽粮绝，围在一起用石头砸敌人，使敌人几次没能冲上来，后来敌人集中掷弹筒疯狂轰炸，集中兵力猛攻，在付出重大代价后，终于攻上山头，将他们俘虏。为泄愤报复，日军当场把两个战俘从山上扔下悬崖。

据日方公布的数字，中条山战役中，中国军队遗尸 4.2

万具，被俘3.5万人。因为战俘太多，日军除了押往第一军管辖的太原、临汾、运城等山西的战俘营外，主要送往华北方面军直辖的北平战俘营。而在此前后，关东军和华北方面军经过几轮谈判，签订了一个协议，把华北作战的俘虏作为特殊工人送往关东军的军事工程和伪满洲国的军需企业，而北平战俘营正好担负了中转战俘的任务。正是在这一背景下，田春茂同他的难友几经周折从中条山被押到清华园，最后关进了北平战俘营。北平战俘营关押的人数一下由过去的3 000人增加到9 000人，牢房里十分肮脏，拥挤不堪，生活条件非常恶劣。

图17　北平战俘营押送战俘劳工上下火车的原清华园火车站，现已拆除

田春茂这批俘虏一入战俘营，敌人就强令他们脱光衣服，换上战俘营的囚衣。敌人让他们站好队，一个翻译领着一队手提木棒的日本兵上前，一边用日语喊着“1，2，

3……”挨个进行点名，一边用木棒在他们头上使劲敲砸，有的人被打得昏倒在地，被敌人拖走。田春茂担心被拖走后会遭受更残酷的折磨，就双手抠紧皮肉，硬挺着挨打。

当时正值炎夏酷暑，敌人怕战俘越狱，墙上不开窗户，室内空气浑浊酸臭。由于每天挨饿，过不多久，战俘们个个面黄肌瘦。不仅如此，战俘们还要服苦役。每天黎明出外修路筑工事，直到天黑收工回营。骄阳似火，日军不给供水，战俘们又渴又累。幸好附近有一个压管井，他们趁敌人不注意，便偷偷跑去喝了一肚子生水。然而解了口渴，晚上却闹起肚子。伤员和身体虚弱的人首先一个个病倒，有的患上痢疾，传染给了全牢房的人。战俘营里没有医生和药物，患了病只好坐以待毙。战俘每日死亡不下三四十人。

华北平原的六七月，晚上又闷又热，战俘们疲惫不堪，却彻夜难眠。敌人不准他们说话，稍有交头接耳即诬指其企图暴动越狱，轻则毒打，重则丧命。白天工棚里一片“铿铿锵锵”的工具响动，晚上牢房里无声无息，死一般的沉寂。慢慢地，人们学会了打哑语，可仍须提防敌人无休止的巡查。日本人挑选战俘而成立的警备队每次巡查时都手提棍棒，战俘们稍有不慎便要遭到劈头盖脸的一顿毒打。

战俘营里分头关押着国民党军战俘和八路军战俘，开始敌人禁止其交往接触，后来为了让国民党战俘管理监督八路军战俘，外出送劳工时开始对其进行混合编队。尽管如此，八路军战士仍利用各种形式与敌人斗争。

2. 从北平到东宁

1941 年 8 月，敌人把战俘编成一支劳工队运往黑龙江省的东宁要塞做工。由于怕他们跳车逃跑，日军就用密不透风的闷罐车来运输。一路严关门窗，不供吃喝。直到过了山海关，才放了一次风，一个车厢分给一筐黄瓜充饥。

东宁位于黑龙江东部边陲，与俄罗斯相邻，东距海参崴仅 200 千米，战略位置十分重要。东宁要塞始建于 1934 年 6 月，先后进行了两期大型施工，到日本投降时也未完工。要塞工程纵深 50 千米，其中胜哄山、勋山、北天山等主阵地修筑了坚固的地下要塞和地面永久工事，配备有各种火炮，地面碉堡密集，火力交叉，阵地前交通壕四通八达，阵地前还挖掘了深 3 米、宽 5 米，总长达数百千米的反坦克壕。日军宣称：仅胜哄山地下阵地在与外界隔绝的情况下，千人的部队可守一年。东宁县当时的常住人口仅 3.5 万，而这一年关东军进行了特别大演习，在东宁地区驻扎的日军就有 10 万人之多，关东军的“第一国境守备队”和若干师团都曾驻扎于此。如此庞大的工程，除少数关键部位由日军工程兵承担，绝大多数工程由中国劳工完成。加之 10 万日军的后勤生活保障也需要劳工，从 1941 年中条山战役之后，日本人就开始大批使用战俘劳工，劳工人数以万计。而田春茂这支劳工队，只是数十支劳工队中的一支。

他们来到中苏交界的东宁县城后，日军给他们的任务是修筑一段“国防连环公路”，也就是为保障对苏作战的兵力调动、物资运输，连接要塞与要塞、阵地与阵地、前线与后方之间的战备公路。在人烟稀少的荒山野岭、泥沼草滩上，他们住在茅草搭建的席棚里。工地照例一日两餐，食用的高粱米比之前的伙食稍好，日本人谓之“文明米”。这里临近牡丹江，每餐有点鱼肉，但是由于劳动时间过长，战俘们仍旧整日饥肠辘辘，饿死的人也不少。

他们每天劳动 12 个小时，只有中午休息半小时。休息时，日本兵喊“亚斯美”，开工时喊“三九啊亚斯美”，等日本兵喊了开始干活的口令，谁还不动或稍有怠慢就要遭一顿毒打。

东北的冬天极冷，日军给他们只发了一身破棉衣，没有棉鞋，许多人冻坏了脚。战俘们为了御寒不停地干活，可稍一停歇，皮肉即粘在工具上。一年之后，这项罪恶工程结束了，日军又把他们送回了北平战俘营。

3. 从北平再到大同

回到北平并非是休息，而是在华北地区继续劳动，哪里需要劳工就到哪里去。1943 年 3 月，日军又从他们中挑选了 100 多名战俘到北平西直门内沿留堤胡同附近做苦工，一连数月，昼夜不止。后来他们才知道日本人要在这里修建汽油库，怕战俘破坏，因此看得很严。可怜他们这些战俘们累得精疲力竭，有的一趴下就再也没有起来。

北平汽油库工程结束后，日军又将这支劳工队运到山西大同曹克庙修工事。这里原有 200 余名八路军被俘官兵，不

图 18 日伪时期运送劳工的专用车

少人是经过医疗实验而右臂丧失活动能力的，敌人迫使他们做比正常人还要繁重的苦工。田春茂等人寻机会，瞅空子，与八路军战俘接触，交往多了，互相认识了，也开始交心了。同样的命运将他们紧紧地系在一起。这些八路军战俘大多数是当地人，熟悉地形，他们便联系田春茂等国民党战俘，商议暴动逃跑的问题，并秘密商议了暴动计划和具体办法。后因消息走漏，未能如愿。时隔两天，日本人送近百名国民党战俘去天津。临行前，八路军战俘提醒他们：要寻找机会打死押车的日本兵，再跳车逃跑。于是他们在工地上找了一些生铁炉条、短铁棍等，秘密地捆在背包里。

4. 杀敌跳车奔延安

7 月 6 日下午，他们一行 90 多人被押到大同火车站，上了一节客运车厢。押车的日本兵只有 10 人，敌寡我众，真是千载难逢的好机会！他们暗自兴奋，商定三人一组对付一个日本兵，听到暗号，一人夺枪，一人抽刺刀戳，一人用铁棍砸日本兵头，并确定了发暗号的人。

这趟火车行走的路线是从大同出发，沿北同蒲到太原，再沿石太线到石家庄，走石德线到德州，上津浦线到天津。晚上9时，火车进入石家庄站加水换车头，他们趁机又做了具体安排，按既定人员三人一组挨坐在所要对付的日本兵附近。火车开动后，敌人点亮马灯，车厢里朦胧一片，他们按捺住紧张的心情，装作疲惫不堪的样子，注视着敌人的动静。日本兵三三两两或聚在一起说话，或依着枪哈腰打盹。看来他们对战俘的行动计划毫无察觉。

车出闸口不久，只听一声喊“打”，他们一起跳起来扑向敌人。当时田春茂正靠近门口，他翻身抓住敌人的枪托，一使劲夺了过来，上起刺刀使劲捅过去。不料这个敌人十分狡猾，借着刺刀的推力没命地滚下火车，剩下的9个敌人全部被解决了。他们原计划利用夺到的10支枪到前边小站夺取伪军的枪支，寻找华北的八路军，但因漏掉了滚下车的那个敌人，恐被敌人发觉，于是决定立即跳车逃走。田春茂跳下火车时，不幸撞上一块大石头，摔昏过去。醒来时已在一片高粱地里，周围只剩10来个人，其他人已四散逃走。他们不敢久留，连夜离开铁路线，由于又饿又困，挣扎了一夜才走出10多千米地。

天明后，日本人发现战俘劳工逃亡了，派飞机在他们上空盘旋侦察，他们躲进谷子地里熬过中午，飞机不来了，才向西前进钻进太行山里。在华北抗日民众的帮助下，他们躲过了敌人的搜索追踪，找到八路军的晋察冀抗日根据地，受到军区司令部首长的亲切接见，并给他们换发了八路军的服装被褥。经过八九天休整，派部队护送他们到八路军晋绥军区，一个月后又护送他们到革命圣地延安，田春茂和他的国民党战友获得了新生。

四、从北平到伪满

1. 门头沟战俘劳工营

北平战俘营除西苑外，在门头沟还有一个临时的战俘劳工营。八路军战俘武心田就是从石家庄战俘营转到门头沟战俘劳工营，又转到西苑战俘营的。

武心田原来在八路军一二九师新九旅二十五团当兵，1942 年 11 月在河北省新河县辛风头村战斗中负伤被俘，当时他只有 16 岁。后经新河县监狱转送到石家庄战俘营，关押了 3 个月。1943 年 2 月，他和1 300名难友被敌人编成一支劳工队押往火车站，上了闷罐车向北开去。第二天早晨下火车看到车站的牌子，才知道到了北平西山的门头沟。

他们走进一个大山沟，进了由铁丝网、电网圈起来的大院子。这里搭了一排排长桶形的席棚，每个席棚东西有几十米长，席棚中间是人行道，两边铺着薄薄一层枯草，一个席棚住百十人。日军给他们每人发一条薄薄的灰棉毯，晚上寒风呼啸，战俘劳工们冻得蜷缩在毯子里挤在一起。第二天早上醒来往外一看，漫山遍野都白了，原来是下了一场小雪。

在门头沟，他们干的活是挖山洞，石洞子要挖三米宽，

图19　武心田，河北省柏乡县人，16岁参加八路军。1942年作战负伤被俘，先后关押在石家庄、北平战俘营，被强掳到黑龙江省黑河，在中苏边境修公路。历经艰辛，逃出虎口，重返革命队伍

两米高，十多米深。他们住的山坡四周安了电网，日本兵在电网拐弯的地方站在席棚里站岗。因为吃不饱、干活累，战俘劳工逃跑的事不断发生。尽管敌人对逃跑的战俘劳工非杀即砍，但是仍然无法阻挡战俘劳工逃跑。一天，一个战俘劳工逃跑被日军抓住了，日军让全体战俘劳工集合起来，面向着铁丝网外边看着。那个战俘劳工30多岁，中等身材，面朝东而站。他的面前，五个日本兵排成一行，举枪对着他。那位战俘劳工挺胸昂头，正气凛然，毫无惧色。日军小头目一声令下，五名日本兵一齐射击。一排枪响，难友倒了下去。敌人企图用这种疯狂残杀阻止战俘劳工逃跑，但是战俘劳工们所想的、议论的话题，仍然是怎样和敌人斗争，怎样

冲出牢笼，怎样逃脱奴役和死亡，怎样重归部队。

一天夜里，睡得死死的武心田被招呼起来，几个日本兵走过来，挨个摸战俘劳工的前胸。折腾了好一阵子，日本兵才走。事后他才听说，原来有一个难友逃跑，钻到铁丝网下，正要从电网下钻出去，被站岗的敌人发觉了。电网四周有灯光照射，但灯光不太明亮。“砰!”敌人开枪了。这位战俘逃跑不成，退回来跑到席棚群里，趁黑天转弯抹角回到自己的席棚躺下了。敌人追问战俘们，大家知道的也说不知道。敌人无计可施，猜测逃跑的战俘一定心跳很快，就进席棚把大家叫醒，逐个摸前胸来试探。但是，由于战俘们团结一心，加之这位战俘机智沉着，敌人最终也没把他查出来。

2. 闷罐车成了烤炉

1943 年 6 月，武心田所在的劳工队要被敌人转移到另一个地方。没料想，这次转移却使他们遭受了一场大难。6 月的门头沟，天气已很热了，下午 1 点是最热的时刻。他们被押送到门头沟车站，上了一列闷罐车。每节车上人都很挤，一个挨一个坐下，没有一点空地。车门“咣当”一声关上了，敌人用斧子敲打木头把车门顶上，然后锁上车门。后来才知道，日本人是把他们押解到北平西苑战俘营。

从门头沟车站到清华园车站，原本一小时行程，他们却在车上坐了一下午。这天骄阳似火，他们被关在铸铁皮结构的闷罐车厢里，像进了一个大烤炉。战俘劳工们盼着火车快开，但火车停在那里就是不动。车门也不打开，车厢里闷热得喘不过气来。战俘劳工们热得身上汗流如洗，闷得人要窒息。有的人把脸贴在门缝下吸凉风，有的人开始呻吟起来。两个多小时后，火车才开动。

天快黑时，火车到了清华园车站，他们被押下火车，进了西苑战俘营。他们在这里虽然只关押了20多天，却经历、目睹了日军许多令人发指的暴行，也看到了战俘们宁死不屈的斗争。

西苑战俘营大院的砖墙有两米多高，上面安有高压电网，但战俘们还是想越墙逃跑。曾经有一次，他们中的一个难友想从电网空隙中钻出去，不幸触上了电网，被电击死了，但其他战俘并没有被死亡吓倒，还在琢磨如何越墙逃跑。有一天，一个八路军战俘逃跑时被日军抓住了，日军把营内的战俘集中到院子里观看行刑。十来个日本兵把被抓回来的战俘押到院子中央。一个日本军官让一个日本兵拎来一桶凉水。这个日本军官把战刀抽出鞘，把桶里的水向战刀上洒了一遍。那个日本兵把那个战俘按在地上，逼他低下头。日本军官双手举起战刀一刀砍下去，战俘身首分离，头在地上像血球一样滚了老远，而他脖颈上的鲜血溅出一米多远。难友们目不忍睹，低下头闭上了眼睛，怒火满腔。

3. 破仓库里的“白骨”

到西苑战俘营后，他们吃的是带沙子的、发了霉的高粱米饭，既吃不饱也没有什么菜。有人看到院子里靠墙边的地方长了一些半尺来高的灰条菜，就摘了一些，用水洗一洗吃了充饥。但吃了不大一会儿，大家的嘴唇就肿了，原来人吃了灰条菜会浮肿。后来又有人捡来破罐头盒把菜煮一煮再吃，才略好一些。有一天，武心田摘灰条菜时，往几间南屋的破门窗向里看，发现地上堆了半米多高的“白骨”。再仔细一看，原来是石膏打成了牛鞅的样子，形状像人从肩到手腕的一只胳膊。石膏有半寸来厚，粗粗的，上面顺着切开了一条口。他很奇怪，便去问在此关了很久的老战俘。终于从国民党被俘人员那里打听到，原来这是战俘营的日军用来对付八路军战俘的。

日军为了使八路军战俘丧失战斗力，竟丧心病狂地把战俘的右臂弯曲成 45° 角，再打上石膏。几个月以后打开时，战俘的胳膊就变成了肘死关节，再也不能端枪打仗了，但也不能用右手劳动了。了解到这个情况以后，武心田又一次假装摘灰条菜来到破屋门附近，偷偷往屋里看，果然，那些如同白骨一样的石膏模，确实都是人的胳膊状。

武心田当时只有 16 岁，好奇心较强，进西苑战俘营后到处走动，四处打听，看到什么奇怪的事就给身边的战友讲。在一个小房子里，单独关押着一个二十五六岁的女战俘，武心田想了解她是干什么的。后来听国民党战俘说这是个女八路，日本兵对其毒打、上刑，但她什么都不说。武心田听说后，既敬佩她的坚贞，又担忧她的命运。

有一次，在院子中间一个小木屋子里，他看到地上躺着一位被敌人折磨的男战俘，生着重病，敌人也不给治疗。从窗户往里看，这个战俘脸色苍白，发烧打战，呼吸微弱，两只眼睛长满了苍蝇下的“黄蚱”（苍蝇的虫卵和排泄物），奄奄一息，惨不忍睹。他想了解这个男战俘为什么被隔离关押，是因为犯了重刑，还是被敌人用来做试验？他问了不少人，没有一个人能说清。直到他离开西苑战俘营，再次被押上闷罐车，他还惦记着这位被单独关押的战友的命运。

4. 开往东北的闷罐车

武心田这支从石家庄来的战俘劳工队离开北平时，又遭到了日伪管理人员的一次敲诈盘剥。日本人通过国民党战俘对这支劳工队队长表示：战俘们即将被押往山海关外，他们必须拿出一笔钱孝敬管理人员，否则就会被闷在闷罐车里，比在门头沟的闷罐车里还厉害。这些战俘本来就没有钱，在门头沟干活时既没有自由也没有薪酬。无奈之下，他们有的把自己穿得好一点的鞋给国民党军战俘，换来一两个伪币硬币，有的把身上的一件小褂换一点钱，就像抽筋剥皮一样积攒了一点钱，送给了狱中的恶霸，才把此事应付过去。

1943 年 6 月下旬，武心田这支劳工队被日本人押出北平，押往东北，但坐的仍然是闷罐车。一路上日本人只给一点面包，既吃不饱，又没有水喝。火车行进中有时会停下来，让战俘大小便，他们就趁机摘两把青草，拿到车上吃了充饥。也不知走了几天几夜，火车停下了，停在一个小车站的南边。后来才知道，这里是黑龙江省的黑河。铁路是南北方向的，他们下了火车，被敌人押着向西走了二里多地，进入一个大铁丝网内。铁丝网内搭了一排排大席棚，席棚里搭了离地面半米多高的破木板铺。铺下面是一汪汪清水和一丛丛青草。阴暗、潮湿，睡在铺板上就像睡在小河的桥面上。他们观察地形，分析形势，这里是一望无际的大草原，东边很远的地方有山脉和森林。经过讨论，他们认为这里虽然只有铁丝网而无电网，但逃跑很难。如果毫无目标地逃跑，掌握不了方向，很可能跑不出几百里地的大草甸子就被狼吃掉了；如果顺着铁路线逃跑，会被敌人发现抓回来。

一天傍晚，武心田去西边草丛中小便，看到草丛中一条弯弯曲曲的小河，清清的河水淙淙而流，里面还有几条小鱼自由自在地游着。在这远离故乡的荒野，在敌人法西斯统治下看到小河，他的心里产生了一种亲切感。他心中默念着："小河水呀，请你流向我的家乡，告诉我的战友，我的亲人，我在这里受罪哩！"他不知道这条小河有多长，心想它一定会流向远方，连着青纱帐，连着故乡。

5. 黑河要塞修公路

黑河要塞同孙吴要塞、瑷珲要塞都在黑龙江省的北部，北与俄罗斯只隔一条黑龙江，是关东军的北部边防，驻扎着第五、第六、第七 3 个"国境守备队"，并在孙吴县驻防第一师团等部队。同日军东部防区一样，这里的要塞规模也十分庞大，而且有铁路、公路、飞机场等设施。同时，日军为完成针对苏联阿穆尔州的攻防，还修筑了霍尔莫津要塞，在孙吴境内屯兵 10 万，使其成为扼制四方交通咽喉的军事重镇。日军曾有"大大的孙吴，小小的哈尔滨"之说。孙吴要塞工程包括两方面，一方面是北部正面的 4 个国境阵地，另一方面是以孙吴为重点的日军指挥中心。在总面积 255 平方千米的山地和平原修筑了四通八达的军事基地。这些工程都是在日军枪刺的逼迫下，用中国劳工的鲜血和尸骨堆砌浇铸的。仅修筑黑河要塞就动用了数万劳工，由于日军的残酷奴役与虐待，万余劳工不幸死亡。

武心田所在的这支劳工队在黑河的任务是修筑靠近苏联的国防公路。由于吃不饱，劳动量大，加之饥饿、寒冷，有病不给医治，生病和死亡的战俘日益增多。敌人还强迫不能干活的病人“埋葬”死亡难友的尸体，这对患病者是一种精神上的折磨。今天去抬同伴尸体到荒野，明天就可能轮到别的生病的难友来抬自己！对尸体的“埋葬”，只不过是在荒草甸子上挖一个半米多深的大坑，10 具甚至 20 具尸体往里一扔，掩上一点土，死者胳膊、腿还露在外边，就不管了。有一天武心田也参加运输尸体的工作，到那里一看，先埋的尸体被豺狼啃噬得东一块、西一块，肠子拖得老长老长！死亡的难友由一天几名到十几名，多时一天达 20 个。到 9 月下旬他们离开黑河时，3 个月的时间里，他们1 300人的“劳工队”死得只剩了 500 人！和武心田同一个连队的战士、19 岁的共产党员李玉影，也惨死在黑河要塞的工地上，直到几十年后，武心田也未能忘怀。

日军根本不把这些被俘人员当人看待。有一天傍晚，太阳刚刚落下，难友们在院子里的草地上休息。这时，日本宪兵渡边走过来，掏出手枪无缘无故就打死了一名战俘。殷红的血洒在草丛上，大家看到此种惨状，无不悲愤。敌人越是残酷压榨，战俘越是逃跑反抗。一天，一个难友逃跑后不幸被敌人抓了回来。下午天将黑时，日本兵强迫战俘都到院子里，把这个逃跑的战俘捆绑着带到队前。日军官以逃跑者为例对全体战俘进行了训示，又问这个战俘还有什么话讲，这个战俘二十八九岁，中等身材，他毫无惧色，气宇轩昂地大声说："同胞们！战友们！这样牛马一样的生活我们不能再忍受了。来世再见吧！"说完，敌人把他押到铁丝网外，那里有事先挖好的一个坑。敌人让他面朝坑蹲在坑沿上，一个日本兵端着三八枪上了刺刀，举枪向这位战俘的脊背刺去。战俘倒下去了，日本兵又在他身上刺了几刀，直到他停止了呼吸。日本兵以为这样可以达到震慑战俘的目的，相反却更加激发了战俘的愤恨，他们从心底默念着这位宁死不屈的革命志士。

9 月底，要离开黑河了。日本兵在草甸子东边搭了一个像灵堂的席棚，摆上一个桌子，点上几炷香，席棚正中挂着一个"奠"字。一个挎刀的日本兵走上前去烧了一张纸，鞠了一个躬，低下头装作"默哀"。敌人是十分凶残的，也是极其愚蠢的。他们假装慈悲，以为这样做就能安抚幸存者。但是，战俘们放眼草原，环顾四周，仅 3 个月就有 800 名同伴被敌人摧残、折磨致死，难友们的鲜血燃红了黑河的土地，荒野茅草掩不住四散的白骨！敌人假惺惺的"祭灵"活动分明是"黄鼠狼给鸡拜年"，只能让难友们以百倍的仇恨更加痛恨侵略者。

6. 押到弓长岭铁矿

离开黑河之前，日军给每个战俘填写了一张“特殊工人登记表”，上面记载了每个人的姓名、年龄、籍贯、编号、身高、面部特征等，并说从此他们的身份就改变了，不再是战俘，已变成了特殊工人，还说要把他们从“北满”送到“南满”，到工厂、矿山干活挣工资。果然待遇有了变化，在他们离开黑河时，没有再坐闷罐车，坐的是旅客列车。尽管如此，战俘们还是想逃离敌人的管控。

一天晚上，列车在行进中，半夜里日本兵过来，他们脸色深沉、惊慌而凶狠地挨着车厢检查。过后，武心田听人说，一个难友从列车厕所的窗户跳车逃跑了。战俘们都挂念着那位勇敢的跳车者，心里祝愿他平安地逃出牢笼，奔向自由。

又一天晚上，列车经过一个城市，停在偏僻的列车编组站上。敌人让武心田和几个战俘下车取饭，他们跨过好多条铁路线，看到很多黄的、蓝的灯，有一个大房顶上装着霓虹灯，灯管组成“哈尔滨”几个大字，他们才知道还没有出黑龙江省。在日军的押送下，他们每人背了一袋食品，回到车上分给大家。每人发一个薄薄的木片做成的饭盒，里面装了一点点大米饭，这是他们从黑龙江的黑河到辽宁省辽阳县弓长岭一路几千里地吃到的唯一一顿饭。

几天之后，他们被押到弓长岭苏家堡子一个平房大院里。这里正门是砖墙，上面安着电网。其他三面墙是外边两道铁丝网，中间一道高压电网。有一天夜里，一只狗“汪”了一声就被电死在电网下边。

弓长岭矿山和大孤山矿山归日本昭和制钢所管辖，这是满铁（“南满洲铁道株式会社”的简称）1933 年在鞍山制铁所的基础上组建的集采矿、炼铁、粗钢加工为一体的联合企业，到 1939 年，使用的劳工总数就达 7.5 万人。约一半劳工被分配在铁矿，后来又调来相当数量的特殊工人和辅导工人。弓长岭铁矿绵延十多千米，铁矿蕴藏量约 17 亿吨。1935—1945 年，日本在此掠夺铁矿石1 000多万吨，同时造成 1.2 万多名劳工被奴役致死，抛尸“万人坑”。

武心田这支劳工队在弓长岭的任务是在东边山腰一个铁矿洞子里装矿石、推车等，干活分三班倒，不算上下班路上的时间，在矿洞里要工作够 8 小时，还要完成规定的定额。看押他们的不再是日本兵，而是把头和监工。这里虽然没有北满那么严，特殊工人仍然没有自由，生存条件依然非常糟糕。所以，武心田他们一到这里，就琢磨如何逃离这人间地狱。从院子里往外逃，由电网下面钻是不行的，因为不久前电死过狗。但如果能弄到一块长木板横搭在两边铁丝网上，也许能迈过不被电着。

为此，到了弓长岭没几天，大队长张金中就背着日伪工头和监工给大家开会。他首先介绍了矿上的情况，然后对大家说：“在弓长岭这里，逃跑的机会比较多，大家要注意，不要被敌人抓住。”事实也确是这样，他们一下洞子干活就能与当地的普通工人接触。战俘一旦和群众劳动在一起，便如鱼得水，他们既能宣传发动群众抗日，又能从群众中了解当地的社会情况和斗争形势。

这里的铁矿工人大致由两部分组成，一部分是从关内山东、河北下关东来的穷苦人，他们既贫穷又饱受日本侵略者所加的亡国之苦，他们阶级觉悟高，敢闯敢斗。另一部分是当地农民包括半农半工的人，他们长期受日本侵略者的统治和反动宣传，对抗战形势不了解，没信心。特殊工人的到来，如同在一潭死水中流进一股活水，矿山也有了抗战的气氛。不久，在铁矿洞子的岩壁上出现了用粉笔写的“打倒日本帝国主义！”“坚持抗战！”“抗战必胜！”等大字标语。敌人发觉他们统治下的“满洲国”出现这样的标语，极为惊恐。他们知道这些标语是特殊工人写的，便采用各种手段查找写标语的人，但最终也没有查出来。

7. “杀人陪绑”的恐吓

铁矿洞子巷道很深，而且纵横交错，漆黑暗淡。一个人要想逃跑，转个弯就消失不见了。因此，三天两头有人逃跑。日本人为了笼络人心，阻止战俘逃跑，提出“一个星期不跑人，就给你们杀猪吃”，但逃跑的事还是不断发生。一天，日本人开着一辆大汽车进了院子，把大队长、中队长、小队长十几个人押上汽车。武心田亲眼看到，十来个日本兵掏出手枪顶上子弹，跳上汽车排在两边，押着汽车开出了院门。难友们不知道发生了什么事，都认为凶多吉少。可是两个多小时以后，他们又被押回来了。一问才知道，敌人是拉他们出去到杀人现场“陪绑”了。

原来敌人抓住5名逃跑的战俘劳工，准备处决。他们认为劳工队的干部没有尽到责任，于是把大、中、小队长拉来，让他们与逃跑的战俘劳工站成一排，一旁站着持枪的日本兵，给他们蒙上眼睛，然后向队长们问：“你们亏不亏心?”一个队长毫不犹豫地回答：“不亏!”日本人让被抓的战俘劳工趴下，只听“咔嚓”“咔嚓”五声响过，5个战俘被敌人刺死，倒在血泊中。这时日本人才给这些队长们去掉眼睛上的布。原来日本人想以此恐吓这些队长，让他们以后看住本队的人员不再逃跑。但日本人又打错了算盘，队干部非但没有被吓倒，反而坚定了逃离虎口的决心。事过不久，又有人逃跑了，一个中队长就喊着：“你们几个人往西边找，你们几个人往东边找。”混乱之中，这位中队长也趁机逃跑了。

因为在矿井洞子里干活很难挡住战俘劳工逃跑，后来矿方把他们调出矿井洞子，前往一个叫“老虎牙”的地方干活。这是一个矿石破碎机的现场，工作场地分两层，上层有20来米高，是破碎机和纵横交织的矿车道；底下是火车，破碎的矿石经过滚笼翻倒在火车厢里。他们分三班倒干活，一个班中间还给一张煎饼吃。随着时间的推移，这支劳工队有从“北满”送来的500人，连死带跑只剩下200人。但他们有一个共同的认识：抗战胜利是毫无疑问的，离抗战最后胜利也不远了。但是抗战胜利越临近，敌人的挣扎越疯狂，甚至最后也可能会把他们集体屠杀掉，以隐瞒其罪行。他们必须加紧对敌斗争，尽快逃出敌人的魔掌。

转眼到了 1944 年 2 月。一天，门玉云等几位难友一块儿来找武心田，门玉云问："小田，你想不想跑?"武心田说："想。"门玉云："今天晚上我们先跑，你不要跟着，跟着目标太大。我们先跑到洞子里，找当地工人帮忙。下一步怎么办，看情况再说。"门玉云和武心田一起分析了逃跑路线，大家认为有两条路子：一条是等停电时，顺着"马机道"（绞车道）往上跑，奔往山腰的洞子口，但如果跑了一半来电了，灯一亮容易被敌人发现；另一条是顺着北边十几米外的小河沟往上游跑，跑 200 来米，绕过压风机房，再顺着输风管奔往洞子口。最后商定：门玉云三人先到洞子里，在原来干活的掌子面等三天，三天之内武心田到了，大家一起走下一步；如果武心田没到，他们就走了。

这天晚上，门玉云三人逃出去了，武心田没有及时跟进；第二天晚上，武心田一次次跑到"老虎牙"办公室外边，焦急地等了一夜，没有逃跑的机会。第三天晚上，武心田想起"三天的约定"，下决心必须逃跑。他向难友借了个破罐头盒，佯装到河边打水，看到没有敌人追踪，便绕过风机房，赶到原来干活的掌子面，但却没找到门玉云等人的踪影。无奈之下，他又在矿井里躲了三天，找到山东籍的 15 岁童工小张，在小张的帮助下，他逃出了洞子，逃出了弓长岭矿，逃出了敌人控制下的"劳工队"，九死一生，几经周折，终于回到了革命队伍。

五、天津塘沽战俘营

1. 天津俘虏收容所

天津俘虏收容所是在 1941 年中条山战役后设立的。中条山战役后，国民党军战俘三四万人聚集在一起，日军既解决不了饮食供应，又无法进行管理，还怕战俘举行暴动，当地运城、张店两个战俘营无法容纳，便开始往临汾、太原、北平、天津等地战俘营分散转移。日军在天津设俘虏收容所的目的是什么，至今没有搞清，不知是向伪满输送战俘劳工的转运过渡，还是为了向日本输送劳工的试验准备，或是用战俘解决天津日军的劳工需要？总之，天津俘虏收容所建得比较早，结束得也比较快。日军在中条山发动的会战于 1941 年 5 月 27 日结束，6 月 2 日第一批战俘就运进了天津俘虏收容所。

天津俘虏收容所，是临时利用天津庆丰面粉公司改建的，地址在河北区六经路一号。这是一个大院子，大门面向东南，门额上横排有“庆丰面粉公司”6 个金字，大院子横宽约 80 米，纵长约 100 米。院内正北面是一座空库房，内分 3 大间，约有 900 平方米地面，铺着木地板，墙的高处有小窗。东北角是个废锅炉房，东面有一机器房，西北角有3间小屋，南面有20多间居室。东、西、北面有围墙，院外周围设有铁丝网。

第一批俘虏500人从临汾上小火车，到榆次换乘大火车，经过石家庄、丰台，历时4天到达天津，下车直接送进临时改建的天津俘虏收容所。这个收容所完全由日军管理，由中队长任所长，下有翻译3人、小队长3人、士兵30余人，其中有医兵2人。日本军人住在南面居室，负责管理和警戒。战俘进入收容所后首先被分类和编班，校级军官为一类，尉级军官为一类，士兵为一类，分别编班，每50个人编为一班，住进北面大仓库里。俘虏们自己选出班长，负责整队、管理生活。

因为是临时改建的收容所，战俘连睡觉的床铺也没有。5天后，日军把俘虏班中有病的和体弱的另编一班，把身体强壮的350人押上火车，运往东北充作劳工，这才开始修建营室。收容所院内运进了大批木料、苇席和铁皮瓦，由外来的工人在院内建造成简易房屋，房屋用苇席做墙、铁皮瓦做屋顶，屋内用木板钉了长通床铺，使收容所达到了可容纳1 000人的规模。

6月中旬，第二批俘虏约1 500人从河南新乡送来，同样经过分类、编班、检查身体，留下病弱的，把身体强壮的俘虏送上火车，运往东北。在两个多月的时间里，天津收容所陆续送进5批战俘，共有5 000多人，经过体检、分类、编班，陆续送往东北充作劳工的有4 000多人，折磨至死500多人。8月底，随着最后一批俘虏军官及家眷被送往日伪机关，该集中营关闭。

2. 塘沽劳工收容所

1943 年，日本向本土试验移入中国劳工后，塘沽码头成了中国劳工送往日本的转运站和出发地。为了正式向日本输送大批劳工，1943 年冬天，日军指示华北劳工协会在塘沽筹建劳工收容所。收容所初建于塘沽德大码头，由华北劳工协会天津办事处塘沽分所管理。不久迁至新港卡子门里的四号码头附近的冷冻公司，人们又称其为“新港劳工收容所”，隶属关系亦改由伪华北劳工协会天津办事处直接管理。华北各地的战俘劳工被一批批地运来。下面通过一位幸存者牟翰章的回忆，了解一下当时的塘沽劳工收容所。

图 20　塘沽战俘营运送战俘的专用铁路

八路军地下工作者牟翰章，1941 年受八路军冀中警备旅敌工部派遣，到敌占区石家庄瓦解敌军、搜集情报，1944 年 8 月被伪警察署抓捕，后转交到华北特别警备队一四一七部队，被带到唐山监狱。尽管在监狱里住木笼、坐老虎凳、被灌水、被火烫，受尽了各种酷刑，死去活来多少次，他始终没有供认自己的八路军身份。于是日军决定把他转送塘沽押往日本充作劳工，但他并不知道日军将要如何处置自己。

这天，他和同监的 38 个囚犯劳工被押上了闷罐车。火车行驶了几个小时，把这节车厢甩到一个远离车站的道岔上。他们被逼下车后，只见周围杂草丛生，坑坑洼洼，一望无际的盐碱地上只有一些稀稀落落的芦苇随风飘摆。附近既不见村庄，又没有人烟，连一棵树木都看不见。大地一片死寂，沉浸在恐怖之中。

日军让他们面对车厢一字排好，自己则在他们背后摆弄着枪，像有什么举动。顿时他们紧张起来，以为日本人要在这里处决他们，于是都警惕起来，准备应付万一。待了很久，才听到日本人把子弹推上膛，驱使他们开始走动。一个日本兵在前头领路，其他几个端着枪在两旁，一路纵队沿着一条小路走去。

夕阳西下，旷野里刮起了强烈的冷风，好似初冬早到，吹得饥愁交集的人们身上直起鸡皮疙瘩。脚下走的似路非路，弯弯曲曲，高低不平，沿途不见一个村镇，一路不见一个行人。在荒凉的盐碱地上走了大约有一个小时，才踏上一条用碎砖乱石铺垫的“大马路”。行进间，突然在旷野里出现了一个孤零零的大铁架，像个残存的大门框，又像个简易的牌楼。只见两边的铁框上连着一个拱形架，上面有四块圆形的大铁板，板上有几个褪了色的大红字——“冷冻公司”。从旁边走过时，牟翰章和难友们不由得打了个冷战，这“冷冻公司”是个什么地方？押到这里来是要做苦工？还是要被做人体试验？或是像传说中的，日军把战俘杀了后绞成肉馅，冷冻起来运回日本？他们忐忑不安。

继续走了没有多久，他们在一道铁丝网前停了下来。进入铁丝网，先被带到紧靠海边的一块空地上，拉开间距一串一行排好。此时已有十几个手持大棒的警备队员站到周围，其中一个戴眼镜的矮胖子来到队前，押解的日本兵向他做了交代即扬长而去，矮胖子随即命令警备队员为新来的囚犯劳工松绑。费了很大工夫才把他们勒得紧紧的绳结解开，牟翰章的左腕外侧露出了红肉白骨。随后，矮胖子大声命令：“都快点把衣服脱下来，放到各人的跟前!”牟翰章不解其意，只把上衣和裤子脱下，不料背后狠狠挨了一棒，被迫彻底脱光。矮胖子喝令一丝不挂的他们转过身去，并趁机把所有衣物洗劫一空，然后让他们赤身站在空旷的野地里等着换衣服。海风吹得他们浑身打战，过了很久，管理人员才拿来供赴日劳工穿用的服装和用品：每人一身像旧军装似的黄色单衣，一双黑胶鞋，一个粗瓷碗；鞋子大小不管，裤子不给腰带。他们就一手提着裤子，一手拿着饭碗，拖拉着穿不上的鞋，被带进一个大库房。这时，他们才知道这个“冷冻公司”是“劳工收容所”，而他们将被押往日本充作劳工。

图21　塘沽战俘营大门遗址

塘沽劳工收容所是华北最大的战俘劳工转运站。日本侵略者操纵的华北劳工协会从各地抓来的劳工作为“行政供出”，大都先汇集在此地进行所谓的“训练”，经过验证、登记、体检、照相、防疫和编队之后，在此乘船，分批运往日本。另外，北平、石家庄、太原等集中营运来的战俘劳工，在办理手续后，也被送到这里等待轮船，然后送往日本充作劳工。

塘沽劳工收容所的历任所长都是日本人，首任户谷，继任中岛、夏林、渡边、山岛、寺田、池田等，都是杀人不眨眼的法西斯魔鬼。所长之下由日本职员管理和日军士兵警戒，人数不详。为了便于管理，华北劳工协会还派来了一批中国职员，协助日本职员办理劳工出入转运等手续。有一班伪警察和一支20余名雇佣及劳工留用人员组成的警备队，协助日军进行内部警戒，维护秩序。白天由警察带枪站岗巡逻，晚上由警备队拿棍值勤守夜。另设有一大伙房，约20人，专为过往劳工做饭。职员带的袖标为白箍黑字，上写明职务，警备员戴的袖标红箍白字，上写“警备员”。

图22 塘沽战俘营战俘劳工上船前往日本的码头

塘沽劳工收容所位于新港卡子门的东边（现第一航务工程局一公司船舶工程院内）。北临铁道线，南靠海河边，三边环水，一边靠陆。院子长300多米，宽200多米，面积6万多平方米。院内东西向建有五排大木板库房，一排小木板房。因为是用原来的大库房改造的，所以大木板房很大，每排长约50米，最大的长约80米，宽约15米，约两层楼高。大木板房北门封死，南门出入，东西两侧墙上有天窗。一进南门，两侧各隔开一间小房，由警备队员住，再往里走，靠东西两侧是宽2米的南北大通铺，大通铺是用木桩支起的木板床，约三四十厘米高，两床之间是一条四五米宽的通道，虽然用黄土垫了，但仍是湿漉漉的。房子与房子之间间距近20米，设有简陋的厕所。东边一排是管理人员的宿舍和伙房，中间三排关押战俘劳工，西边一排是病号房，最西边一排小木板房由伪警备队驻守。木房南侧离海河边有二三十米宽的一片空地，木房北侧有三四十米宽的一片空地。集中营周围先是一道铁丝网，接着是一道2米深、4米宽的壕沟。壕沟外围还有一道电网。为了防止战俘劳工逃跑，日军曾在壕沟里放满了水。

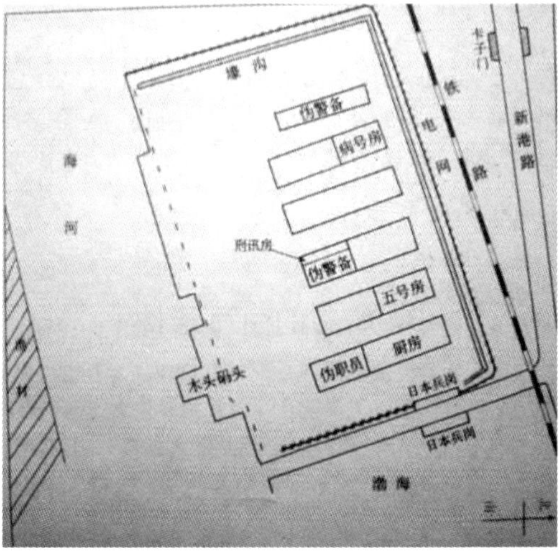

图23　塘沽战俘营平面图（中共塘沽区委党史资料办公室提供）

塘沽战俘营设有三道岗，最里面是拿木棍的警备队，中间是挎盒子枪的伪警察，最外边是荷枪实弹的日本兵。大门口有一座用木板搭成的简易岗楼，上面架有机关枪和探照灯，每天 24 小时有日军警戒。日军还养了一群凶恶的狼狗，每天瞪着眼睛，吐着舌头，在战俘营里转来转去，谁若违反规定，或看着不顺眼，日本兵就会放狼狗去咬。

塘沽战俘营在日军侵华期间既是劳工训练所，又是战俘劳工转运站。据日本外务省报告书统计，塘沽集中营 1944 年 1—12 月共向日本输送了 14 批共 3 663 名劳工。这部分劳工大致有三类，一是抓捕的抗日军民，二是欺骗摊派来的老百姓，三是被解除武装的伪军队伍。同时，塘沽集中营还担负石家庄、太原、北平等战俘营的战俘劳工的转送任务。同据日本外务省报告书统计，日本从中国共强掳劳工 169 批，从塘沽乘船送往日本的战俘劳工就有 86 批，占总批次数的 51%；日本从中国强掳的劳工，押上船的人数为38 935 人，从塘沽上船的共计20 686人，占中国押往日本战俘劳工总数的 53%。

3. 恶劣的生活条件

各战俘营送来等待上船的劳工，因为已发衣、编队、办过手续，所以只要不组织暴动逃跑，塘沽战俘营一般不过多管理。而对各地押到塘沽战俘营进行训练编队的劳工，塘沽战俘营却非常苛刻，甚至虐待或残害。有的战俘劳工被闷罐车送到塘沽战俘营，因为营内还没做好接收的准备，六月天里把人关在闷罐车里一两天不让下车，很少给饭，不给水喝，致使一些劳工死在车厢里。据新港第一作业区马车运输队一位老工人亲眼所见，一列八九节车厢的闷罐车在塘沽站打开车门时，死亡在车上的劳工竟达数百人。劳工送入塘沽战俘营后，不管春夏秋冬，都先被强迫在室外脱下身上的衣服，不愿脱衣或脱得慢了就要挨打，大冬天也赤身裸体地站在寒风中，等待日军职员拿来战俘营的脏破衣服；接着再剃掉劳工的头发，有时只在脑后留一撮作为标记。战俘劳工住的大房子冬季阴冷，夏季潮湿。木板床上铺张破苇席，没有被褥，几个人给块破线毯。冬天夜间冷得受不了，人们只能挤着睡觉，相互用体温取暖。木板床下是未经整理的沼泽地，坑坑洼洼，一片杂草，到了雨季，臭水泛滥。有的地方存有近30厘米深的泥水，还有青蛙在水里乱蹦乱叫，蚊虫嗡嗡乱飞。被关押时间较长的劳工身上长满虱子，一抓一把；头发又脏又长，满脸是泥，三分像人七分像鬼。一个大库房住几百人，拥挤杂乱，空气混浊。因房顶是木板的，所以夏天下雨时房顶漏水，天晴时屋内又热得蒸人，战俘劳工称这大库房是“大蒸笼”“活棺材”。

战俘劳工吃的是发霉的豆面、玉米面、橡子面和烂菜帮子。一天两顿饭，上午九十点，下午三四点。每顿仅给一个二两重的杂合面窝头和发臭的咸菜。因窝头蒸得不熟，经常需要用手捧着吃，否则就会散掉。因为人多，伙房做饭工作量大，蒸窝窝头也要蒸好几锅，早晨的饭凌晨就开始做。冬天吃饭时，热窝头成了冰坨子，颜色像胶泥土，吃饭时每人发一个，一咬就掉冰碴，嚼不动，咽不下。饭吃不饱，喝水更困难。在一口水缸两边绑着两根木棍子，开饭时，四个人抬进牢房，用一只黑碗分给每人一碗。由于水很珍贵，每到送水时，劳工们老早就端着碗排好队，倍加小心地舀水。如有人不小心洒了一点，马上就有人趴在地上把水舔干。有个劳工实在渴急了，趁看守不注意偷着喝了几碗凉水，肚子忽然疼起来，过了不久就死了。有时几十个人只给一桶热水喝，偶尔也放一点烂菜叶和盐，算是菜汤。战俘劳工若不向前挤，也许一口汤也喝不着。人们干渴难忍，不少人嘴上起了泡。有的喝日本人的洗脸水，有的人拧苫布上的水喝。劳工们常说：滔滔海水在眼前，喝水更比吃饭难。夏天，有的人在臭水坑里找雨水喝；冬天，有的人吃尿冰。

1944 年 11 月，战俘营里一栋大房子中关押了 600 多名战俘劳工。因为人多，拉来的淡水只够做饭用，战俘劳工渴得嗓子冒烟，就到房外找积雪，到房檐下找冰锥子吃，有的人偷偷到海河边打来苦咸的海水喝。一些冻烂了脚爬不出去的人，就挪到房间尽头的厕所里吃尿结成的冰。后来尿冰吃光了，只好趴在地上，等身体好的人撒尿时，哀求其往自己嘴里撒点尿喝，情景十分凄惨。

4. 无辜的虐待

战俘营制定了苛刻的规章制度，如不许劳工议论国事、不许交头接耳、不许东张西望；严格限制战俘起卧时间，白天只许坐着，晚间只准躺着，要坐如泥胎，躺如死人。

每天吃完晚饭后，劳工们都要脱光衣服交给看守，光着身子睡觉。人多房少时，劳工们头脚颠倒，花插着躺，躺下后连身都无法翻。不经允许不准擅自坐起，睡觉不许蒙头，不许枕东西，不许说话，否则就要遭到毒打。每个牢房门口都有警备队把守，每两个小时有两个持枪的日本兵进牢房巡逻查看一遍。关进来时间长的人身上长了虱子，难免抓挠解痒，这一动就会招来一顿棍棒。天一亮就得起来等着送衣服，穿上后就只许坐着不准躺下，更不许随便下地。上厕所须经允许才能出去，白天规定一次只许去3人，几百人的牢房整天因上厕所排长队。一些拉肚子的病人等不及到厕所，就已拉在裤子里或拉在牢房里，因而牢房内外到处都是粪便。

监视劳工的警备队，人们称其为“棒子队”。每人手里拿一根与人同高、茶碗口粗细的三棱木棒，上涂黑漆，写着一个“劳”字，劳工叫它“吃人棍”。棒子队每天24小时监视着战俘，只要看见谁不顺眼，上去就是一棒子，也不管是脑袋还是屁股，打死白打。

另外，日伪人员还以各种名目处罚整治劳工。例如：互打嘴巴，让两人对面站着互扇耳光，数目不定但要打得响，直到日伪人员开心为止；互骑互摔，让一人趴在地上，另一人骑在其背上，在地上来回爬行，到日伪人员认为满意时，才示意爬的人猛然起身，把骑的人摔个四脚朝天，然后重新开始，常常把人摔得头破血流，晕头转向，好一阵起不来；闻尿缸臭味，夜间睡觉时尿缸都抬进牢里，放在床头的走道上，日伪人员如发现谁违反了室内规定，常常让其趴在尿缸上闻臭味，直到熏得恶心呕吐为止。在难友趴在缸边被罚时，如有其他难友欲去便溺，见状回转时，棒子队就用棒子迫使其返回到缸边便溺，故意污辱人。

污辱、虐待是轻的，日本士兵杀害战俘更是随意。1944年春天，郭趁新等一批从石家庄押来的战俘下车进院后，因秩序混乱，门岗的日军就向战俘人群射击，当场就打死了七八个。一个回民战俘因为不愿去日本，被日伪人员一棍子打在头上而死。涞水县水碑村一个农民劳工犯了烟瘾找不到火，看到电灯有亮光，就用块棉花在电灯泡上点火吸烟，被警备队看见报告给日本人。日本人说他想拧掉灯泡，让战俘趁黑逃跑，将其活活打死，吊在门口示众。

从塘沽转送日本的战俘劳工一般不劳动，只是休息等船而已。由塘沽战俘营训练输送的劳工有时需要参加一些劳动，有的先到附近参加一些军事工程的土工作业，有的先送到大沽盐田劳动一段，然后送塘沽战俘营训练编队。劳工不外出劳动时也不让走出牢房，白天只能在屋里坐着。每天有一次放风，在太阳快落山，饭后交衣服之前，全体劳工会被赶出牢房，在营中空地上列队点名，有十几分钟时间可以在外透透风，换口气。而对不能走出去站队点名的病人，则会被清理出来，抬到安置重病号的四号牢房。

由于生活条件恶劣，战俘劳工患病的很多。有的人因吃糠窝窝，喝不上水、吃不上菜，上火生病；有的因饭生水凉，患肠胃病。战俘劳工患了病被送进病号房，那里既无医也无药，唯一优待就是不再受棒子队监视。病人本来就发烧不能行动，加上屋内臭气熏天、饥饿寒冷，健康人待在里面都会病倒，而重病人只能躺在床上等死。战俘劳工牟翰章曾偷偷接近四号牢房，看到的情景令他久久难忘。无数皮包骨头的劳工躺在床上哀号，有的发高烧说胡话，有的捧着肚子缩成一团呻吟，有的闭着眼睛张着嘴倒吸气，有的奄奄一息无力再动，绿头苍蝇在周围嗡嗡乱飞，人的眼缝里、鼻孔里尽是白卵，惨状目不忍睹。如果被怀疑是霍乱等传染病，哪怕一息尚存也会被敌人用席子卷了拉出去活埋。有一次，一个劳工喊肚子疼，日本医生看了看，给打了一针，本来身体挺结实的劳工立即就死了。

曾在三菱美呗矿业所劳务课任职的西村武夫，曾对塘沽收容所的劳工状况有一段回忆：

> 昭和十九年（1944 年）8 月，我受三菱矿业所之命，去了北京，目的是接收中国劳务者。在塘沽的北炮台有一个很大的收容所，收容有2 000人左右。一打听被收容的情况，几乎全是商人与老百姓，他们全是连什么理由都不清楚便被收容来了。收容所是一个充满了疾病和死亡的黑暗地方，中国人的饮水是远从塘沽运来的，所以每人每天只能分到两大杯。死在收容所里的中国人每天都有，通常是用草席一卷就丢进附近的一个半米深的浅坑里，第二天就成为野狗的食物了。10 月上旬，战俘们被绑着双手装进船舱，他们望着逐渐远去的故乡，面对着生死未知的前途，绝望的眼泪像雨点一样挂在他们的脸上，这种景象至今仍然使我难忘。他们到达大阪

的时候，迎接他们的是一群荷枪实弹的警察以及拿着棍棒的管理员，炼狱的大门为他们开着，我就这样带着300多名中国人回到了日本。

5. 反抗、逃亡、暴动

战俘营是战俘劳工的地狱，他们看到病死难友的悲惨命运，想到将来若被送到日本更不会有好结果，一些人不甘心任人宰割、坐以待毙，为了求得生存，便进行反抗。有的逃跑被抓回来砍掉胳臂，有的被捆在电杆上示众，有的被打死后扔进海河，但战俘劳工的反抗斗争从未断过。有一次，两名劳工被两个伪警察押着到河边挑水，一名劳工趁伪警察不备，跳到河里想逃跑，结果被日本人抓住活活打死。又有一次，一个青年逃跑后被抓回来，日本兵将他的衣服剥光，捆在木桩上，身上涂满沥青，在烈日下暴晒。青年怒骂日军，半天工夫便被折磨而死。通县农民尹兰亭、尹凤才兄弟被抓入集中营后不甘心等死，秘密组织逃跑，被汉奸告密，尹凤才被活活打死，愤怒的劳工在尹兰亭的带领下齐心行动，一部分人逃了出去，但仍有不少人牺牲了。

战俘劳工有时也会给汉奸一点苦头，教训一下死心塌地为日军效劳的管理人员。1943年10月，日军从北平监狱强掳124名所谓的政治犯到日本当劳工。有的政治犯在监狱戴着镣铐住了两三年，到塘沽战俘营后又受日军和警备队的欺侮。一个姓金的警备班长几次殴打劳工，劳工们早就想整治一下这个汉奸，但没有合适的机会。这天，劳工列队上船去日本，轮船已经起动，并拉了两声汽笛，劳工徐福山故意走在最后，等看到劳工都已上船，押送的日军也整队回去，警备队员正忙着撤跳板时，他便跳到一块还没有撤的跳板上，把一个小包伸手朝岸上姓金的警备班长一举：“来！把这些东西送给你。”姓金的提着大木棍来接小包，徐福山猛地一下夺过棍子，朝姓金的头上砸去，把这个汉奸打得滚在地上。徐福山乘势跳到船上，钻进人群。船开动了，人群中响起一片掌声，接着战俘劳工们唱起了“打煞汉奸”！

类似惩治汉奸的事在战俘营中时有发生，但更多的情况是逃跑暴动，而最终结果都是遭到镇压。1943 年秋冬，战俘营刚建立时就发生过一次暴动。一个风雨交加的夜晚，一个牢房的几百名战俘劳工趁着风大雨急，打死两名看守冲了出去。霎时间，枪声大作，警笛长鸣，所有的电网都通了电，逃出牢门的战俘劳工在倾盆大雨中赤身扑在电网上，一片片地倒下；中了枪弹的战俘劳工惨叫着，雨水冲着血水在地下流淌。日军端着刺刀，把其他房间的战俘劳工全部赶出来，让他们赤条条地跪在地上。雨一直在下，战俘劳工们冻得浑身发抖。日军把几个没有逃离的战俘劳工押回来，捆绑在电网的立柱上，一个日本军官手提东洋刀，突然一声嚎叫，屠杀开始了。端着刺刀的日本兵也向着被捆的战俘劳工刺去。这些身无片衣、手无寸铁的战俘劳工就这样被杀害了。事后，日军又逼着其他战俘劳工把尸体投入海河。

此后又发生多次逃跑事件。一个风雨之夜，一个牢房的木板墙被刮倒，劳工们趁势冲破电网，向公路猛跑，日军当即开枪打死19人，尸体被拉回院子里示众；一批八路军被俘人员组织逃跑，被日军射死数十人，负伤被捉回的10名劳工竟被绑在电网上活活电死；一批战俘劳工被押往日本上船时，突然人群中一声喊叫“快跑啊”，随着喊声，劳工们迅速跳进海河，这时敌人刀枪齐施，向手无寸铁的劳工猛砍猛刺，雨点般的子弹对着海河猛射。霎时，船板、河水被鲜血染红一片，战俘劳工死的死，伤的伤，惨不忍睹。血的教训使人们认识到盲目行动难以胜利，于是开始有组织有计划地行动。仅1944年3月、6月、10月、12月就接连发生了4次暴动，行动比较成功的是1944年6月刘建民、范自强领导的暴动。

1944年6月中旬，一批战俘劳工被送进塘沽战俘营，其中有河北省南皮县三区区长刘建民及其警卫员王俊峰和山东省庆云县板打营区青救会干事范自强。在入集中营前的火车上，他们就约定一块逃跑，但一直没有找到机会。进战俘营后，刘、范、王同100多名战俘劳工被关在一间大木房子里。日本方面本来想把他们尽快送走，但因轮船误期被耽搁下来，刘、范、王等人便商议逃离虎口的办法。他们认为，自己是党的干部，不能丢下自己的同志和老乡不管，要想逃跑成功，就要组织大暴动。他们统一了思想，又商量了几条办法：第一，向大家宣传目前的严重情况，说明逃则生，等则亡，要活命只有联合起来暴动逃跑；第二，把自己熟悉的人凑在一起，推出代表，以便有事商量和联系；第三，行动时要听从统一指挥，以免打草惊蛇出乱子。接着他们借上厕所或敌岗哨不注意之机，把这几条办法分头向接近的人宣传。群众在绝望中看到了希望，与敌人进行斗争的怒火顿时在集中营燃起。

为了取得暴动胜利，他们在组织发动的同时，还对战俘营周围的地理环境和逃走的路线进行了调查，确定了逃跑的路线。敌人怕劳工逃跑，夜里不准屋里关灯，不准将门关死。计划逃跑的这天深夜 12 点，敌人换岗时，范自强发现换上岗的是短枪队的，因短枪子弹多，杀伤力大，他急忙向刘建民汇报，刘建民立即决定当夜停止行动。第二天，群众情绪有些不稳，大家不知何故取消行动。有的认为组织领导者胆小退缩，有的散布着泄气的话。针对这种情况，刘建民又分别给几个领头的讲明原因，鼓励大家不要泄气。群众情绪才逐渐安定下来。为了趁热打铁，一鼓作气使暴动成功，他们决定当天晚上无论如何也要行动，让大家做好充分准备。

夜深了，战俘劳工们都“睡”在床上，屋里屋外很静。刘建民、范自强等人强烈地意识到：上百人的生命都寄希望于这次行动，成功了则大部分人都将逃出地狱，稍有疏忽则损失惨重。12 点一过，敌人的长枪队上岗查哨，刘、范二人交换了一下意见，决定立即行动。范自强当即发出三声咳嗽。一位天津的难友立即把灯打灭，劳工们一声怒吼，靠窗的破窗走，靠门的破门走，分头冲了出去。负责收拾岗哨的人行动敏捷，岗哨也被这突如其来的行动吓蒙了，有的被缴械，有的躲在一边。其他敌人不知发生了什么情况，一时也摸不着头脑。战俘劳工们像脱缰的野马，不顾一切地向外冲。其他牢房的战俘劳工听到喊声也跟着往外冲，黑压压的人群向西北面的电网冲去。

当人群冲到木板房和电网的半路上，敌人忽然开了枪，雨点似的子弹朝人群打来，冲到半路上的人受到阻击又往回退。这时王俊峰和范自强正架着刘建民从后面赶上来，刘建民一见返回来的人群，急忙对范自强说："不要管我，你们一定要带领大伙冲出去，只能进不能退，稍一迟疑就一个也冲不出去了！快！快冲出去！"范自强眼含热泪一声呼喊："大家不要怕，冲出去！"听到喊声，往回跑的人又调头往外冲。大伙顶着敌人的子弹一口气冲到电网前，用木板将电网打开一个大豁口，又把木板铺在电网上，一个个滚过壕沟冲出了电网，向西向北分散跑开。当众人冲出去之后，敌人也追了出去，集中营里反倒一度安静下来，这时刘建民趁机爬过电网，顺着一条土沟爬出去。在路上，他遇到一位参加暴动的难友，两人互相搀扶着绕过盐滩，走到河北三河县，找到了党组织。据后来调查，这次暴动被敌人打死 7 人，逃出 114 人。

在这些暴动中，有些还得到了警备队员的支持。一些警备队员是留用的劳工，他们有着同样的经历和遭遇，有的警备队员看到劳工暴动，只是喊叫而不动手；有的警备队员伺机和暴动劳工一块逃离了战俘营。塘沽战俘营中曾出现留用劳工警备队员全体逃亡的情况。

6. 凄凉的“万人坑”

塘沽战俘营每天都会死人，有时一天死几个，有时一天死几十个。开始死了人，日本人就找两个人往外抬，抬到集中营外的空地上挖坑埋掉，有时也被抬着扔到海河里。后来死的人多了，人抬来不及，就雇人赶着小驴车往外拉，再后来又雇一辆大马车往外拉。冬天晚上死了人，就放在房间尽头的厕所边，有时堆放两三天才被拉走。有的人明明还有一口气，救救还能缓过来，日本人也当死人拉出去。开始时，劳工死了，用烂麻袋将其一裹或用席子将其一卷，再用绳子捆上两道就拉走，劳工们戏称这是“千层芦叶板，两道紫金箍”。后来死人太多，没有麻袋和苇席，只能像扔麦捆子一样，把光着的尸体往马车上一扔，拉出去扔到附近的万人坑里。起初是一个人挖一个坑，盖一层土。后来就挖大坑，一次埋几十人。“万人坑”周围每天都有十几只野狗啃尸体，一到热天，坑周围臭气熏天；一下大雨，地上露出一层白骨。人们路经此处，都要绕道而行。

1944 年冬季一个下雪天，因为死的人太多，满满装了一大卡车。但死亡人数最多的还要算劳工暴动被镇压时，据当时拉死尸的张福利回忆，第一次暴动惨死了 200 余人，第二次暴动惨死了 180 余人，第三次暴动惨死了 120 余人。加上每天死亡的人数，天长日久，此地便成了“死尸遍地皆是，饿狗狂吠已极”的“万人坑”。据塘沽港务局调查，塘沽战

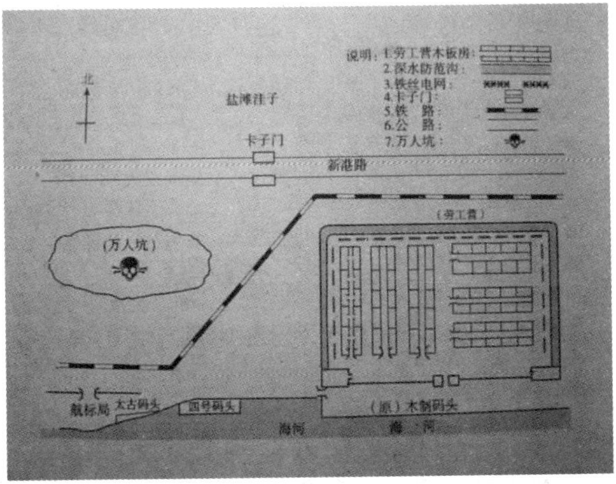

图24　塘沽战俘营“万人坑”示意图（中共塘沽区委党史资料办公室提供）

俘营在不到两年的时间，死难劳工达1万余人。

“万人坑”西至现在运输队的泵房，东至卡子门，北至新港南路，南至航道局航标队铁路北侧的三角地带，大约30平方米。1955年，塘沽区政府责成民用科将坑里靠马路一侧的尸骨移走。据移骨工人反映，挖不到半尺深就可见尸骨，不知是何原因，其中一个木箱里面装的全是头骨，只有一具尸体。由于长年泡在盐碱水里，尸体基本没变。这次起出来的尸骨都装在草袋里。当时仅挖了一个小坑，有的人说有100多袋，有的人说有300多袋，全都运往塘沽第二公墓安葬。1992年8月，塘沽区人民政府在“万人坑”遗址修建了一座纪念碑，纪念在塘沽战俘营受难的战俘劳工。

图25　塘沽战俘营“万人坑”纪念碑

六、在西苑战俘营

他叫袁甦忱，祖籍河北省武邑县，1919 年 10 月出生，1938 年参加革命，在八路军冀南五分区司令部工作，先任侦察参谋，后任队列股副股长。1943 年 11 月在阜东县交接工作时被俘，先被押往交河的中队，又送到驻献县的大队，再转送驻天津的联队，最后被送到北平西苑战俘营。每到一地就会遭到日伪军的殴打和刑讯。袁甦忱被俘后化名金文华，他同敌人斗智斗勇，没有暴露自己的身份，没有泄露党和军队的机密，还利用各种机会保护了被俘的难友和党员。在日本服劳役期间，他秘密组织了中共海外流亡支部，发动被俘党员，带领广大劳工同侵略者进行斗争。日本投降后，还在东京受到日本共产党总书记德田球一的接见。他在 4 万名掳日劳工中具有一定代表性，也是一个据有传奇色彩的人物，这里，让我们跟随他的脚步，看看一个共产党八路军战俘在战俘营和就劳地的生活和斗争。

1. 初进西苑战俘营

1943 年 12 月 27 日下午，天津敌人将袁甦忱等被关押的

44人押送到天津一个火车站，那儿停着一列长长的货车，其中有一节原是专门运输牲畜的闷罐车，罐门内两侧有用横木钉成的木栏杆。敌人让他们登上这个闷罐车，但要上去，必须爬过两米多高的栏杆，翻过身去，才能到车厢里面。木栏杆的外面有三四个武装的日本兵看守，里面的人要想出来，也必须翻过这个栏杆才行，袁甦忱等人就是乘着这种车被送往北平的。

下午5时左右，火车启动，闷罐门关得紧紧的，里面很黑，什么也看不清，几个日本兵点着马灯守在门口，袁甦忱并不知道车将会开向什么地方。过去听别人说，坐闷罐火车时“冬天冻死，夏天热死”，袁甦忱他们已深有体会。12月底，正是数九寒天的严冬季节，北风呼啸，阴天黑夜，有时飘着雪花，寒风从车缝向车里吹，火车开得越快，寒风就越冷，他们除身上穿的衣服外，别无任何御寒的东西，冷得实在无法入睡，只好挤成一团，过一段时间，大家互相换换位置，这样勉强不致冻僵而已。

头天下午他们从天津出发时，就没有吃饭、喝水，到夜里真是又饥又渴，又冻又困，实在难熬。第二天，即12月28日上午8点多钟，火车停下，车门打开，日军让他们下车，到站台上站队，查清人数后，就沿着大路向西走。这时，袁甦忱看到车站的标牌上写着“清华园站”，原来到了北平。

一个多小时后，他们来到一座兵营门前，从大门旁边的侧门进入大院，他看到大门上挂着一个大木牌子，写的是

“华北派遣军俘虏收容所”。进入大院后，他看见在院子中间马路的两边各有四幢两层楼房，对面中间有一幢同样小楼，这是日本人住的楼，马路两边的八幢楼是给俘虏准备的。他们先被带到小操场上，一群日本兵把他们围在中间，先对每个人进行搜身，看有没有钱财和武器，袁甦忱等人已多次被搜，除身上穿的衣服外，早已一无所有。尔后由翻译向他们宣布注意事项，主要是不准到规定活动范围以外的地区去，不准喧哗、打闹，不准玩火、吸烟……

最后开始编班，袁甦忱被分配到第一大队第一中队第五班，符号是“オ96”。到班后，每人领取两床军用毯子作为铺盖，又领了一个碗、一双筷子，这就是全部家当。袁甦忱所在的第五班当时共有40多人。下午4点钟开晚饭，由班长派两个人到炊事房去领饭，抬回来一个木箱，里面是高粱米干饭，米饭上放一碗咸萝卜条。大约每人一碗饭，一箸咸菜。当时他们饿了一天一夜，这样一点饭还没感觉就吃完了，只好早些睡觉，等待明天的早饭。

第二天早上6点半，全队统一吹哨起床，集合跑步，在解散回屋时，袁甦忱突然看到一位熟人，他是武邑县抗日政府的教育科科长国梧桐。袁甦忱在1938年参加战委会时，曾听过他的课，大家都喊他“国老师”。在这里突然见面，他俩都感到惊奇，但当时人多不好讲话，他俩不约而同地来到一个没有人的地方，互相了解被俘的情况。此时，国梧桐已改名王志中，袁甦忱告诉他自己也改名叫金文华。国梧桐已被俘两年多，现已在第一大队第一中队第三班当副班长，他知道袁甦忱被编入五班后，就主动要求调到五班来当副班长。袁甦忱来后他俩紧挨着睡，别人看到袁甦忱和副班长是同乡，都对袁甦忱较好，特别是五班长，对袁甦忱更是另眼相看。国梧桐因被关进来的时间较长，对俘虏收容所的情况了解得比较清楚，因此，他向袁甦忱做了较为详细的介绍。

这个俘虏收容所，是日本人在华北地区关押俘虏人数最多的收容所，此外在石家庄、济南、太原各有一个。所内的大院由一条深水沟、一道高墙和几道电网围成与外界隔绝的“人间地狱”。当时被俘人员有2 000多人，日本的看守人员只有一个小队，相当于八路军的一个排。头头是一名少尉小队长，翻译是个上士军衔的朝鲜人，他们只负责看守营房，看护大门，只要俘虏不暴动、不逃跑就行，既不管宣传教育，也不负责直接管理。平常的行政事务，由被俘人员选派的人员组成一套管理机构，实行“以华治华”的管理原则，因此在这样庞大的集中营里，没有安插一个专业的伪职人员。

被俘者的成分比较复杂，在当时总数2 000左右的人中，八路军干部、战士及抗日工作人员约为半数，国民党俘虏约三四百人，被缴械的伪军人员约两三百人，剩下的就是各式各样的老百姓。有的纯粹是庄稼人，正在地里锄着地时被汉奸抓了来；有的是商人，到城市做买卖时被当成嫌疑犯押进来；被缴械的伪军中有些是兵痞流氓、赌客、毒犯，这些人还穿着伪军的破衣服，最被人看不起，身份最低下。在共产党与国民党的被俘人员之间，由于过去长期存在的国共摩擦，两派人员在思想情绪上有些对立，互相间很少接触，看问题也有很大矛盾。

整个被俘人员统一编为一个总队，设总队长一人，此人是原国民党某军的副军长，据说是1941年在中条山战役中被日军俘虏的，在此已关押两三年了。他个子不高，年纪在50岁左右，很少出门，袁甦忱在半年时间里只见过他一两次。总队下辖三个大队，大队下有中队，每中队有若干班，每班最多可到50人，俘虏人数由各地送来的人数多少和此地死亡的人数多少而定，一般在2 000人左右。因而有三四个大楼空着没有人住，如果都住满，可关押四五千人之多。

2. 挣扎在死亡线上

战俘营如同监狱，高墙、电网、深沟、水壕，即便没有看管人员，也必须借助一些工具才能翻越这些障碍。对电网是否有电，开始袁甦忱也有怀疑，这是不是吓唬人的呢，如果没有电，那么翻墙、过沟、泅水就好办了。一天，有一个人说去试一试，他慢慢用手指试着去摸，刚一接触到电线，他的头就被烧焦了，日本人把这个仅剩一只胶鞋的尸体进行了展览，人们对电网再也不怀疑了。

战俘营对战俘管理很严厉，对违反规定的人会进行严格惩罚，特别是对企图逃跑的人，更不客气。1943年底，袁甦忱刚到没几天，日本人抓到了一个爬墙逃跑的人，马上召集全体俘虏开会。当着大家的面，由一个新调来的日本兵用刺刀将其穿心捅死。据说在袁甦忱他们还没去之前，有天日本人看到楼上有间屋子的窗户有烟冒出，就进去查看，只见两个俘虏偷偷用小铁桶烧开水喝，便当即把这两人砍死。平时对不听指挥、违犯纪律的战俘，随便打骂。

战俘营里生活条件恶劣，俘虏大都在原被俘单位关押过一定时间，挨过打，受过饿，身体都很虚弱。来到这里后，吃下去的高粱米消化不了，一些健康的人也很快瘦弱下来，抵抗力大大降低。加之卫生条件糟糕，各种疾病流行，几乎所有人都长有疥疮，普遍全身浮肿，有的人眼皮都肿得睁不开了，身上用手指一压一个坑，一个人的生命在这里只能维持半年左右，就会死亡。袁甦忱进去时，国梧桐把袁甦忱等武邑县的老乡都找来彼此认识了一下，当时一共有 6 个人，但到 4 月份，就只剩袁甦忱和国梧桐两个人了。特别是冬天，外面冷，衣服少，疾病多，每天死很多人。人死了要派俘虏抬出去埋，两个人抬一个死人，有时一天要派三四十人去埋，而且有时一天就派两次，这就是说有时一天会死二三十人。冬天没有活可干，但埋死人是经常的，袁甦忱曾被派去过三四次。据袁甦忱个人估计，1944 年 1—5 月，这里死去的人不下五六百个。

进营编队后，怎么应对新的形势？袁甦忱个人的想法是：不多说话，不出风头，以新参军不久的通讯员身份应付一切，决不能暴露真实身份，注意适应环境，保重身体，依据时局的发展，等待抗战的胜利，争取早日逃脱这座人间地狱。

第一大队大部分俘虏是八路军，而且大部分是河北人，基本上没有国民党的俘虏，也很少有被缴械的伪军，彼此关系比较融洽。大队长叫商庆祥，30 多岁，过去曾在东北军干过，有些社会经验，后随吕正操将军南下到冀中，改为八路军，不久加入共产党，在冀中廿四团担任连长，准备提升为营长时，在战斗中被俘。一中队长叫苍欣书，很年轻，是八路军的一位文化教员，他与大队长很熟，所以被指定为一中队长。五班长是八路军的一名战士，他可能知道袁甦忱是一个八路军干部，就叫袁甦忱“老金哥”。

因为袁甦忱非常注意调节心理，尽量锻炼身体，开始两个月基本上保持了原来的样子。但到了 2 月底，他也开始长疥疮、患浮肿。由于班长和副班长都和袁甦忱的关系较好，有意特殊照顾，班长从医务所给他要来了疥疮药膏，敷上后效果很好；有时还会设法为袁甦忱多打一点饭，使他的身体不至于很快垮下去。恰好在这时，袁甦忱原来在武邑县大队任指导员时的两个通讯员也被押送到俘虏收容所，因为他们俩只有十三四岁，长得又很机灵，在分队编班时被日本人留下伺候人了。他们看到袁甦忱的身体不好，就偷偷地把日本兵炊事班吃剩的东西偷送给他，有一次竟送给他一包肉，这对他恢复健康起了很大作用。

3. 审查室里要文书

1944 年 1 月底，南京汪伪政权突然派来一个工作组到西苑战俘营，对战俘进行了一次政治宣传活动，他们组织了歌咏队和话剧团，还拍了一次电影纪录片。敌人的这一套政治活动确实让俘虏们的思想情绪活跃了一下，袁甦忱当时因采取装落后、不出头的方针，什么活动都不参加，但是他的班长却给袁甦忱帮了一个“忙”，使他在收容所里的情况发生了极大的变化。

当时收容所的审查室缺少一名文书，大队长想把这个位置控制在八路军战俘手中，便暗中物色八路军被俘人员。袁甦忱的班长出于好心，把袁甦忱的情况向他熟悉的大队长做了介绍。大队长让他叫袁甦忱写几个字看一看。那位班长背地里向袁甦忱介绍了大队长、中队长的情况，说他们都是八路军的党员干部，工作能力强，对党忠诚，待人诚恳等，并叫袁甦忱写几个字交给大队长看。袁甦忱考虑了两天，就用铅笔写了一首唐诗“白日依山尽，黄河入海流……”交给了班长。过了两天，大队长派中队长来找袁甦忱，要他到大队部去。袁甦忱去后，只有大队长一个人在，见袁甦忱进去，便让他坐下。大队长起来把门关好，问袁甦忱叫什么名字，做什么工作。由于当时对大队长并不太了解，袁甦忱就按过去的口供承认是通讯员。大队长真诚地表示希望听到实话，袁甦忱看看没有外人，就说自己是参谋。大队长就提出了要袁甦忱到“审查室”工作的事。

袁甦忱一听到“审查室”，吓了一跳，这是审查战俘的地方，也就是掌握战俘命运的地方，也可说是害人的地方，怎么能去呢？因此毫不考虑地说：“我不去。”大队长并没生气，而是耐心地向他解释：“审查室的主任和几个工作员都是八路军的干部，原有的一名文书因病住医务所了，没有人干，所以要你去……决不能把国民党的俘虏安排到审查室，那样，我们隐瞒下来的党员、干部就会有危险，所以才要你去。”听到这里，袁甦忱答应回去考虑一下。

当时，袁甦忱确实有顾虑，因为审查室这个名称看着很恐怖，应该说它是监督、审查战俘的地方，是八路军战俘不敢接近和不愿接近的地方。一般正直的人，可能会把审查室的人当成特务、内奸、向敌人告密的坏人。因为袁甦忱做过一段地下情报工作，对打入敌人内部的“内线关系”深有感触，他们充作敌人的“打手”，而被自己的亲人所痛骂，这种日子是不好过的，至于将来怎样向组织说清，能不能说清，也是有疑虑的。但考虑到这是八路军被俘人员集中被关押的地方，共产党八路军被俘人员隐瞒的秘密情况肯定很多，如果这个审查室出现一个真正为敌人服务的人，这对共产党是极大的威胁。袁甦忱想着，自己已经脱离了组织，不能公开为党工作，在这里能尽一点力再为党做一点有利的事，也是极大的自我安慰；另外，从个人的情况看，只要能进入审查室，生命就基本上能得以保障，但这不是他当时的主导思想。袁甦忱回来后，立即向班长说明了情况，班长非常高兴，并向他祝贺。袁甦忱又向国梧桐老师说明此事，国老师当时没有表态，经袁甦忱向他转达大队长的看法后，才表示同意。因急着用人，下午，大队长就领袁甦忱去了审查室。

当时，审查室里坐着三四个人。大队长商庆祥一进门就说：“宗主任！你托我找的人找来了，就是他。”说着向袁甦忱一指，随后向宗主任小声耳语了几句，别人都听不到说了什么，然后回过头来对袁甦忱说：“这就是宗主任，你们直接谈吧！我还有事要回去。”大队长向其他人点了点头就走了。

“我叫宗良”，宗主任自我介绍，又指着一旁的几个人说：“他叫耿赢州，他叫张振岭，他叫……以后就慢慢熟悉吧。”说完，又把袁甦忱介绍给那几个人：“他叫金文华，是一大队介绍来接替文书工作的。”因袁甦忱的毯子、碗筷没带来，宗主任就叫人帮他取来，并让他睡在北面的床铺上。从此，袁甦忱就算是审查室的一个成员了。

审查室主任名叫宗良，30 来岁，中等个，白净圆脸，是山西省五台山一带的人，原是晋察冀军区第二军分区的侦察参谋，和袁甦忱原来的职务一样，1941 年初被俘，后被送到西苑俘虏收容所。不知什么原因当上了审查室主任，大概由于他所担任的公开职务是审查室主任，看样子对袁甦忱过去的情况有些了解，但没有问过袁甦忱。宗良是一个性情温和、性格开朗的人，处事随和，很少发脾气，对当时审查室的工作，他只求说得过去，不要出事，不出政治事故。有的国民党的俘虏想欺辱审查室的人，袁甦忱等人都感到气愤，他却一笑了之，满不在乎。

袁甦忱到审查室后，生活上确实好多了。首先，这个屋在房中间有一个用土坯砌成的小火炉，门外有一堆无烟煤，可以随便烧，屋里比班里暖和多了。这里还有一个用过的罐头盒，可以烧开水喝，到开饭时，由各班轮流派人给处室（事务室、审查室）打饭。干饭与各班相同，但数量多得多，袁甦忱他们五个人的饭，可相当于班里十几个人的数量。另外还有一桶小米稀饭，虽然也没有菜，或有点咸菜，但这桶稀饭就解决了大问题。生活上大有改善，袁甦忱虚弱的身体逐渐有些好转。疥疮却一直没好，因为大家都有，而且虱子会传播细菌，根本无法治疗，这在当时来说根本就不算病。袁甦忱原来的两床毯子都很脏，来到审查室后，宗主任不知从哪里给他换了两床比较干净的毯子。当时，袁甦忱一个人睡在北面的床铺上。审查室的房子与各班一样大，也是北、南、东三面床铺，在班里要睡四五十人的，而审查室只睡五个人。早晨的集合跑步，及派公差干活、埋死人等，也都免除了，到时不起床也没人管。但袁甦忱没有睡懒觉的习惯，每天按时起床，寻个没人的地方活动活动身体，或者还跟着他原来的五班去跑步。

4. 一次审查登记

袁甦忱在审查室的主要任务是抄写文件，因为审查室对每批送来的新俘虏都要进行登记。日本人发给审查室很多登记表，登记项目主要有姓名、年龄、籍贯、文化程度、职务、何党党员、备注等，一张表格上登记七八个人。每送一批新俘虏在分班后，就要到审查室来登记，如果人数多时，审查室的所有人都要同时进行登记工作，先写在一张空白纸上，或用表格先写成草稿，然后由袁甦忱很正规地誊写在登记表上。全部写完，经查对无误后，再由宗主任送到日本人住的地方去。如果人数少，就由袁甦忱一人进行直接登记，填好表格送走。

有一次，从保定地区送来一批俘虏，人数较多，由袁甦忱等三个人分别登记。当袁甦忱问到一位地方干部是否是党员时，因从来没有遇到说“是”的事，所以问的时候，袁甦忱就已经写上“否”字了。但没有想到，那位干部突然回答了“是”。袁甦忱一下愣住了，他还没有遇到这样的事，怎么办？如果写上，应该由“否”改成“是”，这恐怕要出问题，最好不要改。于是，袁甦忱用很低的声音问他：“为什么承认是党员？”他说：“开始被俘就承认了。”这就更麻烦了，改吧，怕引出问题，不改又怕查出问题，但袁甦忱很快就下了决心——不改，即不能写上是党员。袁甦忱就把头歪向被俘干部的脸边低声说：“不要写上是党员，因为送到这里来的还没有一个人承认是党员，如果写上怕引起麻烦，所以我没有写上，如被敌人发觉，你就说没有问，或问了我没有说，怎么样？”他听后，看了袁甦忱一眼。袁甦忱又很快说了一句：“估计敌人是不会发觉的。”他明白过来，同意了。他走出审查室时，回身向袁甦忱点了点头，表示了会意的微笑，这位干部的名字叫张映辉。过了两三天，有次审查室只有袁甦忱和宗主任两人时，袁甦忱为了表明自己，就将此事向他说明了。袁甦忱原想一定会得到他的同情或赞许，但没想到他听后却大吃一惊：“这可不得了！今后千万不要再干这事。”袁甦忱当时对他产生一种反感，只说了声“是”。他却又说：“即使干了，也决不能向任何人讲!”1944 年 3—5 月，袁甦忱在抄写文书或登记表格时，再没有遇到过此类问题。

一天晚饭后，袁甦忱到第二大队去找张映辉闲聊，因为登记时为他隐瞒了党员身份，他们开始认识，并有些了解，所以有时会到一起闲聊，互相说些鼓励的话。天渐渐黑了，屋里已看不清互相间的面孔了，袁甦忱本来想回去，就在这时，突然有一个人在他身后，轻轻拉了一下他的衣服。袁甦忱回头一看，模模糊糊看到一张脸在向自己轻轻地微笑。袁甦忱问他：“你是谁?”万万想不到，他笑着轻轻向袁甦忱说：“你是哪年入党的?”袁甦忱听后万分惊奇，自己的公开身份是审查室的工作人员，他竟敢问自己这样的问题！袁甦忱当时感到他绝不是坏人，也不是恶意，只是很不老练，不应该在这种地方突然直接提出这样的问题。但又不能反驳他、威胁他，就回答道：“你怎么敢直接问我这样问题？你不知道我是审查室的工作人员吗？你不怕……”

没等袁甦忱说完，那人就打断他的话说：“我当然知道，也是你对我进行登记的，但我经过观察，你肯定是我们自己人，而且不是普通的人，肯定是党员，是干部，所以才敢这样问你。”袁甦忱当然不能直接回答他的问题，而只是问他是干什么工作，怎样被俘的，现在的思想，等等。原来，他叫张玉山，是东北人，被俘前是河北省冀东丰润县委宣传部的干部，1940 年入党，曾经在天津某大学上过预备班。这个人有一定的工作能力，有较高的文化程度，但这次贸然的对话又明显暴露出他做事不老练，说话不慎重，办事欠考虑。

5. 举石头挑选劳工

1944 年 5 月初，天气已开始转暖，棉衣早已脱下，中午时分在日光下光着身子也不冷了。疾病的发生率大大降低，死亡人数也少了，俘虏的身体也略有加强，这时，营里传出要挑人外出做工的消息。

一天早饭后，日军突然通知战俘们到操场集合，检查身体，挑选身体好的到外面去做工。当时对到哪里做什么工，去多少人，谁带队去，无人知道。袁甦忱很快找到宗良主任打听情况，他偷偷告诉袁甦忱："我也不太了解情况，听说到日本国去，可能是由第二大队长带队。"

袁甦忱开始考虑，留在西苑俘虏收容所只能是死路一条，审查室更不是久留之地，一定要想法出去，不管到哪里，总比留在这里强。虽然第二大队长是一个国民党的俘虏军官，袁甦忱不愿跟这种人外出做工，但没有别的出路。袁甦忱征求宗良的意见，他也同意尽量争取早些出去，因此，袁甦忱便到操场去参加体检。

操场上，有一名日本军官带两名穿白大褂的医务人员负责检查工作。他们叫俘虏们先把上衣脱掉，看看上身情况，再把裤子解开，褪到脚上，看看下身情况。但看过几个之后，他们发觉这办法的效率并不高。有人身体看来很好，但长有疥疮；有的人没有长疮，但身体很瘦弱；有的人看起来很胖，但是浮肿的。再加上俘虏们很长时间没有洗过澡，身上很脏，脱掉衣服就散发出一股臭味，使他们无法检查。后来那个日本军官看到墙根上有一块大石头，就过去用手提起来试了一下，便对战俘们说："谁能把这块石头用手举过头顶，就算合格。"这办法简便多了，俘虏们于是排成队伍，一个挨一个地上前举这块石头，举起来的把名字登记上，就算选中了。袁甦忱看了看，这是个不规则的圆形石头，直径约30厘米，重量估计在20斤，他想着差不多能举起来，所以也站在应试的队伍中。石头虽不大，但大部分人举不起来，真正能举过头顶的不过1/4。时间不长就轮到袁甦忱了，他走到石头跟前，心里想着：要是在被俘以前，这块石头自己用一只手就可以举起来。但经过近半年的监禁生活，袁甦忱的身体虚弱了许多，等他弯下腰用两手把石头搬离地面后，就感到相当沉重，用了很大力气才把腰伸直，两手抱着石头已经用尽力气，几次试着翻手想把石头举过头顶，但却过不了腰部。那个日本军官连喊："不行，不行。"袁甦忱只好放下石头退了出来。

一周以后，大约在5月7、8日，日本人又来挑选外出劳工，这次事前已经明确需要500人，由审查室主任宗良带队，目的地也是日本。宗良带队走后，审查室的主任职务由耿赢州代替。宗良是了解袁甦忱真实情况的人，而袁甦忱对耿赢州的印象又不太好，所以袁甦忱暗下决心，这一次一定要想法出去，就私下里找没人的地方练习举石头，练跑步，每天出一身汗，感觉精神上和身体上都有好转。但想不到在体检的前一天，他突然得了感冒，有些发烧，浑身无力。体检时仍然需举起那块石头，而这一次，他不仅不能举过头顶，甚至连搬离地面都有些困难了，因此这次没能随宗良一起去日本。

七、掳往日本的劳工队

1. 第七批赴日劳工

大约又过了10来天，开始进行第三次选人外出做工，这次明确人数为300人，由第一大队长商庆祥带队，仍去日本。经过上两次挑选，身体较好的人已大部分走掉了，袁甦忱认识的熟人如国桐梧老师、宗良主任、张振岭等，都已先后离开，这次又是了解袁甦忱情况的商庆祥带队，说什么也要跟着走了。因此，袁甦忱事先注意了身体锻炼，也注意了保养。到体检的这天，袁甦忱早早到了操场，发现这次体检的方法有了改变，不再是举石头，而是事前搭了个席棚，让每个人到棚里把衣服脱光，看看身上有没有枪伤、疮疤或畸形，至于胖瘦、强弱都问题不大。袁甦忱就立即回来弄了块湿毛巾，到没人的地方把浑身擦洗了一下，当时他的腿上还有一些疥疮疤，也用湿毛巾一点点擦干净，之后便去操场应检。等到检查袁甦忱的时候，他主动把上衣脱掉，把裤子褪到脚面上让他们检查。管理人员看到袁甦忱身上比其他俘虏干净得多，一点疮疤也没有，感到很满意，立即把他的名字登记在表上，就这样决定了他到日本去做苦工的命运。

袁甦忱这批战俘劳工以伪政权的名义向日本提供无偿劳动力。袁甦忱在审查室无意中看到了一份在封皮上印有《第七批对日贡献劳工登记表》的本子，但未能看到里面的内容，这说明袁甦忱这批战俘劳工已是第七批。1944 年 5 月 18 日，被选中的战俘劳工开始编队，当时要求编为 6 个小队，每小队 50 人，共 300 人，所有小队长均由大队长商庆祥指派。由于商庆祥已了解袁甦忱的情况，他决定任命袁甦忱为第一小队队长，史某某（八路军排干）为第二小队队长，马振华为第三小队队长，崔汝臣为第四小队队长，李文华为第五小队队长，贺少敏为第六小队队长。此外，他还指名原一中队苍欣书为副大队长，协助管理这支特殊的队伍。

5 月 20 日，开始出发，战俘劳工先整队步行，由日军武装押送到清华园火车站，挤上两节旅客列车的车厢。敌人调来专用火车头，将这两节车厢调往北京前门火车总站，挂在由北京开往青岛的旅客列车的最后面。敌人立即把车窗上的布帘拉下来，使战俘劳工看不到车外的情况，并把车门锁死。在车门的外面，隔着玻璃窗可以看到，每两个车厢接头处站着两个日本兵，拿着枪，眼睛注视着车内的一切动静。

火车沿着津浦路线由北向南奔驰，黄昏前正好经过泊头镇，这是袁甦忱外出或回家换乘火车的地方，由泊头镇乘汽车向西走两个小时，就可到达袁甦忱的家乡袁小寨。这时，袁甦忱那年老的母亲和年轻的妻子可能正倚门而立，内心祈祷着在战场上与敌人拼杀的亲人的安全，而想不到，袁甦忱已像一头被关进铁笼里的狮虎，只能隔窗遥望。在夕阳余晖中，他的泪水模糊了眼睛，望着看不清的远景，想念着自己的亲人、同志、首长，心中默念："望你们保重，袁甦忱只要不死就会回来的。"

天黑后，每人发了一个干面包，吃过后就入睡了。5 月 21 日，一觉醒来睁开眼向外一看，火车已经转到胶济线上了，醒后的第一个感觉就是渴，袁甦忱到车厢厕所的水龙头去接水喝，水很脏，又很少，只能润润喉舌而已。上午又是每人一块干面包，仍没有水喝，10 点以后，车内的温度迅速上升，大家都把上衣脱掉，依然汗流浃背。这时口渴的问题已相当严重，而车厢厕所水龙头的水已完全断绝，出大汗、吃干面包都急需补充水分，但没有水，唾液早已干枯，舌头没有水分无法润转，喉咙干得说不出话来了。但车厢两头的门紧锁着无法打开，他们就用力敲门。站在门外的日本兵隔着玻璃向他们瞧瞧，大家表示需要水喝，而他只是摆手，表示火车上没有水。到中午时，有的人确实干渴得无法忍受了，就到厕所里用力挤出一点小便来，用手接住送到口边，就像吃最难吃的药救命一样。

到下午两三点钟，战俘劳工都已到了无法忍受的地步，突然车厢里进来两个日本兵，示意大家坐好，他们又把窗帘拉下来，与外面的景色隔开，这时已快到青岛了。两个日本兵，一头一个端着枪站在门口，开始还让人上厕所，但很快厕所的门也被锁上了。又走了 10 多分钟，车终于停了下来，战俘劳工能听到窗外有很多人走动而产生的杂乱的声音。在这声音逐渐平息下来以后，日本人才让战俘们下车。战俘劳工们看到车站上站着很多日本兵，没有一个老百姓，整列火车也已开走，只剩下他们这两节车厢。战俘劳工们在月台上整队清查人数，而后被武装押送出月台，袁甦忱看到一个月台标志着“青岛大港车站”。

图26　青岛大港火车站，战俘劳工从各地坐火车来到青岛，然后换乘轮船运往日本（何天义研究室拍摄）

走了约一二十分钟，来到了青岛战俘劳工转运站。这实际上是个集中营，地点在大港一个客栈的三层楼上。上楼时需要登着临时竖起的木梯上去，周围有日本兵端着枪监视着，上楼完毕后敌人把木梯撤掉，这样人们在三楼就无法下楼了。三楼是一些没有床铺也没有放任何东西的屋子，上面有厕所和自来水龙头，已经渴极了的战俘们都饱饱地喝了一顿冷水，才算救了命。袁甦忱他们第一小队分住两个大屋，地上铺有稻草，大家就在草上卧下，到晚上七八点钟才吃上晚饭，三层楼上没有电灯，也没有其他照明设备，300人完全在一片黑暗中摸索活动。

第二天早饭后，一个日本军官带领几个穿便衣的中年人找到大队长商庆祥，正式通知：今天做好出发准备，明天早上7点钟，登船去日本，并介绍其中一人说："这位是派到你们队担任日语翻译的苗先生，他随同你们一起去日本，望你们要互相合作。"大队长表示欢迎，这位翻译也表现得很虚心，一再说："请大队长多多关照。"

不久，送来了袁甦忱他们应该带的东西，发给每个人的物资有：棉衣一套，棉被一床，线毯一条，单衣两套，单鞋、帽、袜各两双，以及毛巾、牙具、吃饭用的碗、筷、菜盘……另外每100人发一套做饭用的炊具，如大锅两口、蒸笼，炒菜用的铲、勺、大盘，烧火用的炉钩、铁铲以及菜刀、菜板……看来，凡是生活上用的所有东西都要从中国带去，到日本后所有东西一概不再补发。下午主要研究如何携带这些东西，并反复进行了演练。晚饭后，命令战俘们早些睡觉，因为明天要早起，六点钟以前就要离开这个地方，这是战俘在祖国的最后一个夜晚了。

2. 海上三昼夜

1944年5月，记不清是24日还是25日，这天黎明，战俘劳工们从睡梦中被叫醒，天色尚不亮，饭已送来，日伪管理人员让人们尽快吃饭，饭后立即整理好东西，背在身上先到三楼的平台上集合，准备出发。这时，在一楼的平地上已有日军一个小队散布在院内四周，围成一个圈，准备迎接这个特殊的队伍。而后由三楼到二楼、二楼到一楼，同时各搭有一个木梯，战俘劳工开始一个一个地登着木梯下楼，在日本人的枪口下，按指定的位置到楼台下集合。清点人数后，在日军武装押送下向青岛大港码头走去。走了不久，在码头边上的一块空地上集合，全体坐下，日本军队仍在四边看守。这时天虽没有大亮，但可以看到前面就是海。海边有大小不一的船只，有一艘比较大的轮船停在距离他们只有四五十米的海上，船头的侧面写着“昭和丸”三个白色大字，隐约可见。

开始，战俘劳工们不知道坐在这里等什么，为什么不立即上船。因有武装敌人看押，既不准他们说话，更不准走动。等了一段时间，就看到从街里开过来三辆小汽车，停在他们队伍的外面，并从车内走出十来个人，由日本带队人员及昨天新来的苗翻译迎接到战俘劳工队伍跟前。苗翻译先向大家介绍说：“今天我们就要出国去日本了，为了表示对大家的关怀，现在青岛市市长为我们送行，请大家热烈鼓掌欢迎。”这时战俘劳工们才知道怎么回事。这位市长开始向他们讲话，在战俘劳工看来，他只是一个地位比较高的汉奸，是卖国求荣的敌人，所以根本不想听他的反动宣传。但他在最后却说出了战俘劳工们过去从来不知道的一件事，引起了大家的兴趣，他说：“希望大家要好好劳动，等两年合同期满之后，可以回国与家人团聚。”这就是说袁甦忱他们此番到日本做劳工是由汪伪政府与日本当局签了向日贡献劳工合同。虽然战俘劳工并不知道“合同”的具体内容，但给将来回国的可能性增添了一点幻想和希望。

讲话不过二三十分钟，就开始登船。大概敌人害怕战俘劳工在离陆登船之际进行暴动，因此显得非常紧张。30 多个日本兵端着大枪，上好刺刀，分成两排，紧紧把战俘劳工包围在中间，一步不离地押着他们向轮船走去。轮船停靠的位置离陆地还有 10 来米的距离，由两节很长的跳板搭在船上，战俘劳工必须小心谨慎地踩着跳板上船，以免掉到海里。300 人全部登上轮船后，地面上的人立即把跳板撤掉，使轮船和陆地隔开。很快，大家就感觉船身在慢慢地移动，这说明已正式启航了。

青岛伪市长及其随行人员开始向战俘劳工挥手致意，并喊出“祝你们一路顺风”“祝平安到达”“希望安全归来”等口号。战俘劳工当时都停留在甲板上，听到陆地上送行人员的喊声，开始时不知所措，苗翻译突然举起右手，高声喊道“感谢×市长送行”“我们一定好好劳动”，还让大家共同举起右手喊。

可是战俘劳工们没有喊口号的思想准备，更不愿喊出赞美敌人、违背个人心愿的口号，但这种气氛却诱发出积攒在人们心中多年的闷气、怒气，不少人也举起手高呼随心所欲的口号，声音也不一致，此起彼伏，乱成一团，谁也听不清喊什么。袁甦忱也趁乱喊出了“打倒日本帝国主义”“中华民族万岁”“消灭小日本”。当声音渐渐降低时，袁甦忱听到不知谁喊出了“老子将来要跟你们算账”等呼声。很快，陆地上的送行人员及日本武装已撤离码头，而战俘劳工的船已离开陆地数百米之远了。

激动的情绪一时难以平息。大家都站立在甲板上，看着祖国的大地慢慢在视野中向后退去，变远变小。在经过最后一个小山头时，那位苗翻译向战俘劳工介绍说，这个山头就是青岛边上的崂山角。当它消失在人们视野中，说明他们已经离开自己的国土，进入太平洋了。

这时，东方的太阳刚刚升起，春末夏初的早晨，轻雾弥漫，他们的心是悲惨、怨愤、仇恨的心，是远离祖国、走向深渊、生死未卜的心，甲板上一片唉声叹气、低泣饮泪之声。

在甲板的一个角落，有一个不大的天窗，有一条铁梯直通舱底，这是单个人员进出船舱必经之路。当祖国的大地脱离他们的视线之后，大家开始进入船舱。下到舱底，开始是一片黑暗，什么也看不清，天窗的光线和墙壁上的电灯好像鬼火一样，摇摇曳曳，一片模糊。人们好长时间才慢慢适应，逐渐看出了舱底的大概情形，原来这是一只体积较大、装备落后、非常破旧的货船，面积大约有两三个篮球场那样大，里面装的不知是什么矿石，大小不一而颜色发黑，大的像足球，小的像拳头，而重量比一般石头要重得多，战俘劳工就在这些石头上休息。

大家开始动手整理自己的地方，先把石头摆平，然后把线毯铺上，再把棉被打开，棉衣放好，就可以休息了。因为这只船装满了矿石，300 名战俘劳工只是捎带的附属品，夹杂在这些石头中间没有活动的余地，又没有光线，没有书报，没有娱乐器具，每人除去每天两餐或解手之外，只好躺着或坐在自己的铺位上睡觉或聊天。吸烟者每天可发几支纸烟，一般人不能随便到甲板上，但班长以上人员可以随便上下。袁甦忱当时是第一小队长，进出还比较自由。

第一天下午吃过晚饭不久，大队长通知小队长到甲板上去开会，地点在机械房右面一间空屋里，里面没有任何设备和物品，八九个人就坐在地上开会，主要内容是大队长布置在海上途中的注意事项，征求大家的意见。会议开了个把小时即结束，有的人回舱休息，大队长也走了，但袁甦忱等人仍留在原地未动。他们主要讨论达到日本后的事宜，想到将来不一定能见到自己的亲人，大家的心情相当沉重悲观。

这时，突然走进来一位中年水手，看到他们悲伤的表情，就走了过来对他们进行解释和安慰。水手告诉他们："由于日本国内的男人都出国作战，国内短缺劳动力，所以向南京汪伪政府要劳工。你们这些人都是去做劳工的，已经去了好几批了，日本需要你们的劳动力，不会让你们去死的。你们还很年轻，到世界各地去看一看，受点苦、受点累，没什么了不起，千万不要悲观……"水手的劝解使他们感到了真诚，因工作很忙，水手不久就离去，但很快又回来了，并拿来两瓶白酒，叫袁甦忱等人喝点酒解解愁。他告诉袁甦忱自己是山东人，在这船上当水手，由于有事不能陪他们喝，于是便放下酒瓶走了。袁甦忱这些被俘的人都是很长时间没有闻过更没有喝过酒了，当时闻到酒味特别香，就你一口我一口地喝了起来。大家想借酒消愁，结果却是愁上加愁。

第二天下午，突然刮起了大风，船摇晃得很凶，大多数人都躺在船舱里不敢走动，几乎所有人都晕船，不吃不喝，头疼呕吐，也有的人在呻吟哭泣。这天的晚饭几乎没有吃，剩下不少饭菜。袁甦忱当时身体并不好，非常瘦弱，但他从来不晕船、不晕车，所以还能支持住，夜间他还爬上了甲板，只见海上天昏地暗，狂风怒吼，一个大浪打来能把整个船身盖住。

第三天上午，刮了一夜的大狂风渐渐停了，船身的摇晃也大大减轻了，晕船的人渐渐好转了，早饭后不少人来到甲板上。突然有人大叫“前方出现了一个山头”，大家都向前望去，确实是一座山，并能看出树木的轮廓。不久，在右前方也出现了小岛，袁甦忱估计这是朝鲜半岛的南端。傍晚，有人告诉袁甦忱，第二小队的一个难友病得很重，袁甦忱去看了一下，确实已不省人事，唤他推他都已无任何反应，只是还有微弱的呼吸。当时大家没有急救的办法，既无医又无药，只能听天由命。这个难友没到半夜就停止了呼吸，想不到离开祖国刚刚三天，还未离船登陆到达日本，竟死在了这只轮船上。据日本方面提供的劳工名单显示，这位死在船上的战俘劳工叫钱喜，是河北蠡县人。

3. 押上日本国土

大概是5月27日早晨，经过海上三天三夜的奔波，船终于到了日本。这天早晨，日本人把战俘劳工全部赶下船舱，并把天窗的铁盖盖上。不久，人们在舱下就听到了陆地上发出的人喊声、机械响和火车的鸣叫，这说明他们的船已到了日本。轮船停稳之后，日本人才把天窗打开，让大伙爬出船舱，登上甲板。他们乘坐的这条船没有紧靠陆地，而是经过一条很长的跳板连在陆地上。因为袁甦忱他们是第一小队，首先离船登陆。这时已有几个穿黑制服的港警人员，带着他们向离码头不远的一个大院走去。他们走进大门，发现后面的队伍乱了一阵，经过打听才知道是第四小队的一个队员不慎掉到海里了，后由日本港口的救护队打捞上来，人未受伤，只是喝了几口海水。

看来，这个港口并不大，房屋大都是平房，门口大都有招牌，上面写的都是日本文字，虽然看不懂，但因日本字中有不少汉字，有的招牌可以了解它的意思。在码头的中间竖有一块水泥标牌，上面写有“门司”两个汉字和一些日本文字，袁甦忱在上中学时学过一点世界地理，知道登陆的地点是日本的门司港。

他们走进的这个大院是一所海关检疫站，专门对进入日本的人员、牲畜或物品进行检验和消毒。袁甦忱他们这些人都是从战俘营来的，长期没有洗澡，满身都是污垢，所以对消毒特别严格。进入的第一个房间是一间没有任何设备、面积相当大的空屋，里面却站着许多日本女人。她们身穿和服，头梳日本发髻，脚蹬木屐，脸涂厚粉，唇抹口红，描黑眉，染眼皮，看样子不过是20来岁的年轻女人。在没有出过远门、没有见过世面的战俘劳工看来，简直像一群化成美女的妖魔鬼怪。她们中有许多人推着手推车，里面放着许多网兜。战俘劳工进去之后，每人发一个网兜，每个兜有一个不同的号码，大家需要记住自己的号码。开始袁甦忱他们不知这是干什么用的，后来苗翻译进来之后，才知道是让战俘劳工把所有的衣服都脱掉，把衣服放在网兜里面。当袁甦忱他们脱得只剩裤衩时，大家看着这些年轻女人，不好意思脱了，但那些女人却哈哈大笑，一定要他们全部脱光，一丝不挂。她们丝毫没有羞耻之感，甚至还有女人伸手把战俘劳工的裤衩往下扯，直到全部脱光为止。战俘劳工们都红着脸，很不自然。

脱光之后，她们把装满衣服的网兜用手推车推到另一间屋去了。战俘劳工都光着身子进入第二个房间，这屋里有6个大浴池，里面放好不冷不热的温水。战俘劳工下去洗澡时，这些日本女人就站在浴池边上监视他们洗澡，如果有人想站起来，或不愿洗，她们就示意其必须下去好好洗。四边的墙上还有淋浴喷头，在池内泡洗了20分钟后，再到淋浴冲洗5分钟，然后再进入下一个房间。这屋里仍是很多浴池，但面积很小，水温也高得多，且有一种刺鼻的药味，每10个人进入一个小浴池。下去之后，不仅温度高得烫人，而且药性刺激皮肤，不少人总想站起来，但池边的日本女人监视得很严，绝不让人站起。她们每个人还拿着一个水盆，不停地舀水向战俘劳工的头上、身上浇去，同时开玩笑地发出一串狂笑怪叫。半小时才准出浴，到淋浴下冲洗，然后再到下一个房间。但下一个房间只有一个很小很窄的门相通，已有两三个日本女人站在门的两边，每人拿着一个药筒和一块木板，每过一个人，就用木板在药筒里挖一块药膏，让战俘劳工们把手伸出来，将药膏抹到手上，让其把身上有毛的地方都用药狠擦，特别是腋下、肛门和阴毛，因为语言不通，她们就用手指着，一定等全部地方都擦好，才准放行。

进入下一个房间，又是一间空屋子，中间放有一些带靠背的长条凳，开始被送去消毒的衣服已经用手推车推到这里，战俘劳工按号码很快取回了自己的衣服，上面还带有一股药味，略有些潮湿。等穿好衣服，有几位港警带领战俘劳工从另外一个门走出院子，向另一个码头走去。在这里已经停靠着一艘中型渡轮，战俘劳工立即上船，300 人正好一船，上完后马上启航，开船向对岸方向驶去。

几十分钟后到达对岸码头，从竖立的标志牌可以看到这里是下关，过去叫马关，因在中国历史上曾签订过丧权辱国的《马关条约》而闻名。袁甦忱踏上这个码头后，第一个想起的就是这段屈辱的历史。

下关是日本四个岛屿中最大的本州岛最南角的港口门户，战俘劳工在此又重新进行了海关登记，把每个人的姓名、年龄、籍贯、职业、身体状况以及携带的物品都做了详细登记。因为战俘劳工原来都是被俘人员，所有个人物品早已被搜光，所以检查登记非常简单，但想不到海关人员在登记过程中偶然发现个别人手背上有针刺的蓝色图案，不知道这种文身是什么用意而发生怀疑，认为可能是一种秘密组织的特殊标记。因而要全体人员将上衣脱掉，又发现有人在胸前、背后刺有各种图案，便对此进行了详细记载，又浪费了一段时间。除此以外，在下关基本上没有停留。等战俘劳工们把队伍整理好，日本人要求大家挺起胸来高呼口号，以威武的气魄和整齐的步伐通过一条最主要的街道。从海关码头走到火车站，吸引不少日本当地人停住脚步，抬起头来，注视着这支特殊的队伍。在下关码头进行登记过程中，又有一名劳工死去，名字叫王祥，也是蠡县人。

在上午9点多钟，这支劳工队乘上火车，向不知去向的目的地进发了。

4. 到达长野山区

劳工队从下关乘坐的火车是在一趟普通快车的后面临时加挂的三节硬座客车，车内没有其他乘客，每人都有座位。这三节车厢相通，但与前面客车连接的门锁着，不能互相来往，也不能下车。

5月底正是夏初农忙季节，稻秧已插完，但远远望去，农田里还有不少人在弯腰干活，几乎全都是女人，在车站、码头或其他地方也很少见到男人。战俘劳工大都来自中国华北地区贫穷落后的农村，大部分是农民，只有少数是工、商、兵及青年知识分子，都是第一次出国，坐在火车里奔驰在异国他乡，也不知来到了什么地方，有一位年岁较大的河北老乡偷偷地问袁甦忱："队长，咱们这到底是在阴间还是在阳间？为什么说话都不懂？为什么水不叫水，而叫米兹？烟不叫烟，而叫答巴沟？"此时，对面有一位山东人在低声哭泣，袁甦忱过去劝他，他说："我上山打柴，还没回家就被鬼子抓来了，家里还等我回去吃饭。我家里上有老母，下有三个不懂事孩子，老婆身体又不好，她们可怎么过？"说着哭得更凶了。

图27　中国劳工被掳往日本下船的下关码头

在另一个车厢里，袁甦忱看到了在门司码头上掉下海去的那个劳工，便问他是怎么掉下去的。想不到他突然睁大眼睛，显出很恐慌的样子说："可了不得啊，我上岸后刚想蹲下解个手，突然从海里钻出个妖怪来，满身绿毛，巨齿獠牙，伸出长长的爪子，一下把我拉下海里去了……”看来有些人被俘后思想上经受不住残酷的折磨，来到新的环境里精神上产生了错觉，真叫人又同情又可怜。

下午三四点钟，车厢的前部突然乱了起来，原来有一位难友发生了休克。很多人在帮他进行土法抢救，如搬头、弯腿、掐人中穴。但因车上无医无药，只能无可奈何。原来，这个人上车后就精神不好，头昏目眩，不吃不喝。同坐的人叫他躺在长凳上好好休息，后来又叫他躺在座位底下，这样可以伸直腿好好睡觉。几次问他喝不喝水、吃不吃东西，他都摇头，一直在昏睡。等到下午别人睡醒后再喊他时，他已经没有反应了。当袁甦忱过去看他时，他已是脸色灰了，眼珠凝住了，对各种抢救措施都无反应，慢慢停止了呼吸。大家只好把他的衣服给他穿起来，用他的棉被和毛毯把他包裹好，等待日本人处理后事。他的名字叫赵吉成。

黄昏之后，火车停在一个很小的车站。袁甦忱他们所在的三节车厢被甩了下来，其他车厢随着列车离开了。有几个日本人在此等候，他们让战俘劳工下车，又带领他们走了个把小时的路，才走进一片用木板盖起来的空房里，并准备好了饭菜。稍事休息，人们开始用餐。

这一整天，除了在火车上发给面包和饮用水之外，没有正式放饭，大家都很饿了。这顿饭菜还不错，是离开祖国后最好的一顿。每人发了一双一次性的木筷子，用纸袋包着，袁甦忱他们第一次看到这玩意儿，都感到新奇。刚吃完饭，大队长商庆祥把袁甦忱找去，对他说：“日本人通知说，这次做工要分为 3 个地方，每地要 100 人，因此，要将现在 6 个小队的编制改为每队 100 人的 3 个中队，明天上午以前就要把人员编制安排好，每个中队先指定一个中队长和一个炊事班长，而后各中队分别带开，到各自的工作住地。后天就要开工，至于中队长和炊事班长的名单，完全由大队指定，中队以下各班的编制可由中队长自行决定。”他找袁甦忱来商量编队问题，并提出让袁甦忱担任中队长。袁甦忱不愿担任，商庆祥表示会再考虑这个问题。

其他编组及人选很快便定下来了。第二天上午 10 点，全体人员带好东西，来到一片空场上集合。场上有一位负责指挥做工的日本人负责讲话，但今天担任翻译的并不是劳工队带去的苗翻译，而是一位日本人，他的中国话讲得还可以。讲话只用了一二十分钟时间，而后就由大队长宣布由 6 个小队改为 3 个中队的事，并宣布了各中队的负责人：

第一中队，中队长苍欣书，炊事班长贺少敏，住昨晚住地；

第二中队，中队长崔儒臣，炊事班长金文华，住东边工地；

第三中队，中队长李文华，炊事班长马振华，住西边工地。

宣布之后，按照指定的名单，二中队队长崔儒臣和袁甦忱将编入二中队的人进行清点整顿，接着被带到离一中队三四千米远的地方。因为山间小路很不好走，走了两个小时才到了他们的住地。这里四面都是大山，没有一点平地，比一中队住得更高更荒凉，住的房子也和一中队住的一样，都是用木板盖成的；有两栋大房供住人用，有一栋小屋供厨房、仓库和炊事班的人员使用。

队伍到达后，先在房子外面休息。袁甦忱和中队长崔儒臣简单商量了编班和班长的人选，12 人为一班，共 8 个班，另有一个炊事班。而后就宣布并带领各班长分配各班的床位，之后各班来到指定的地点打扫卫生，整理床铺，紧接着第二天下午就开工了。

5. 开始艰苦的劳役

1944 年 5 月 30 日，战俘劳工们在敌人的看押下开始做工了。这项工程是在连绵不断的大山底下挖一条高五六米、宽三四米而且很长的隧道，其长度据说有数十千米。而这样长、这么大的隧道是干什么用的，战俘劳工当时一概不知，只是在很长时间以后，模模糊糊地听说是要在此建设一座亚洲乃至全世界最大的水力发电工程。

修建这条隧道的目的是将日本西部大型水库或海里的水导引到日本中部地区一个大发电厂，再利用水力发电。为实现这一庞大计划，日本方面进行了详尽的勘察设计，在长长的隧道两旁，大约每隔两三千米建立一个施工点（大概要几十个施工点），每个点都有一套施工设备和人员配备，准备好后，所有施工点大体同时开工，先在山边打出一个深洞作为工作通口，深度达到主隧道时，即向左右延伸，这才算正式挖隧道了。等到所有点的主隧道都互相打通而成为同一个隧道之后，再将所有工程用的通口用石头、水泥堵死封严，才算完成这一隧道。

袁甦忱他们大队的300人被分到3个施工点，大队长带一中队在中间，袁甦忱的二中队在东边，三中队在西边，每个施工点除中国战俘劳工100人之外，还有由日本人和朝鲜人组成的组织指挥、工程设计和技术工人，以及后勤服务人员，共20多人。另外，每个施工点都有一套完整的机械设备，如发电机、空气压缩机等。

除此之外，每个施工点还有一套“空中索道”作为主要的运输工具。所谓“空中索道”，日语为“索古道”。索道是从一个小火车站到施工点，大约有3 000米，用很粗的钢丝绳连接成很长的大圆圈，在火车站和施工点各有一个直径两米多的大圆盘，随着山势，每隔几百米修一个铁架子将钢索远离地面架起来，这样钢索就能随着圆盘的转动而转动。钢索上吊着20多个铁斗，每个铁斗里可装载一两百公斤重的东西，两头都有装、卸东西的设施，这样运送物资只用几分钟就能到，而要用人力运送则需要两三个小时才行。

挖隧道的手段是以打眼放炮为主，由技术工人将一两米长的钢钎接在风钻上，用电力使其高速旋转，将钢钎钻入石头里，使石头形成小洞，再装上炸药，接上雷管，用电力引爆，把石头崩碎。一个四五米高、三四米宽的工作面，一次要钻二三十个眼，同时爆炸就可崩塌1.5米的深度，一昼夜大体要放炮两次，这样一个工作面每天可以进展3米左右，而每个施工点有左右两个工作面，因此一个施工点每天要进展6米上下。

在施工中所有技术性的工作，如钻眼、放炮、掌握机械、修理工作、控制电力等，都是由日本人或朝鲜人掌握。而战俘劳工则负责将崩碎的石头推出工作现场，清理场地，以保证打眼工作顺利而不间断地进行。搬运碎石头的工具是一种专门制造的在两条铁轨上滚动的推车。劳工用大板铁锹将推车装满，顺铁轨推出洞外，倒在山沟里面，然后再回来装、推。这种推车叫“轱辘马”，它有4个与铁轨同宽的铁轮，上边固定着一块80—90厘米宽、1米多长的平木板，板上放一个60—70厘米高，上口小下口大的木箱，下口与平木板一般大。木箱可以随时拿掉，装碎石时可以将木箱放好，装满推到山沟边上，将推车停稳，然后用木杠将木箱拿掉，再用木杠抬起平木板的一面，使其倾斜，碎石自然掉进沟里。

随着隧道工程的进展，推石的小铁轨也不断向两头延伸，每辆推车有两个人专管推车运石头，另有两人专管装车。但推车是有危险性的，因为路面不平，推车时必须每人都踩在铁轨上走，如不慎将脚踩空离开铁轨，就有可能踩到尖石头、木棍、铁钉上或掉进水沟，甚至有扭伤腿脚的可能。隧道里虽有电线通过，但很少安电灯，只有打眼的工作面上才有电灯照明。而隧道其他的地方则是漆黑一片，什么也看不见。为了防止发生事故，每个进洞人员都要带一只电石灯（也叫嘎斯灯），每辆推车前面挂一只电石灯，这样一方面为了照明，同时也起着联系信号的作用，使人很远就能看到灯光，知道前面有人或车，就可采取防备措施，以免发生危险。

日方为加快进度，争取在一年内完工，采用昼夜施工、机械不停的组织方法。因此袁甦忱等人也分成了昼夜两班，上白天班的晚上睡觉，早上6点以前吃完饭，7点到工地，将夜班的人员换下来。两班倒，每班工作12个小时，黑白班每10天换一次，轮流进行。战俘劳工从做工开始就从来没有休息过一天，既没有星期天也没有节假日，就连春节也不让休息，只是在当天下午提前一小时下班而已。

由于打眼放炮是挖隧道的主要手段，而在每次放炮之后会瞬间崩下二三十立方米碎石，散落在紧靠工作面的一段很长的狭窄隧道上，必须尽快把这些碎石搬开运走，才能进行工作，因此，推运石头的工作往往成了关键的一环。放炮是一种很危险的活动，在把炸药装满、雷管接好、导火索接上，开始放炮之前，所有人都要撤离隧道或隐藏好，当放完炮，硝烟消失之后，必须立即进入隧道，先集中力量把工作面周围两米左右的碎石清理掉，把钻机安好，再准备运石头，并必须在钻完眼之前把碎石运走才行，否则就会影响工作的进度。

因此，日本人在组织施工中布置了几个身强力壮、凶狠粗暴的打手，专门负责管理、监督、催促中国战俘劳工。他们大都手拿皮鞭或木棒，一直跟在中国劳工的后面，只要工人稍有疏忽，他们举鞭就抽，抡棒就打。特别是在开始施工阶段，战俘劳工不知怎么干活，加上语言不通，所以进展相对缓慢，但那些不通人性的监工以为人们在偷懒，所以就经常打人，使大家受了不少冤气，挨了不少打。

有一个战俘劳工是河北盐山人，在本地区游击队当战士时被俘。他本是个身高力壮的汉子，但被俘后长期受折磨，身体逐渐衰弱，但他的反抗性较强，当监工用皮鞭抽打他时，他一下把皮鞭夺了过来扔出老远。后来，监工趁他不备，一巴掌打在他的耳朵上，瞬间使他倒在地上。他清醒过来后，发觉耳朵已失去了听力，而且也不会说话了。一直到回国，他始终没有恢复过来。基本所有做工的人，特别是推碎石的人，都挨过敌人的打，只是或轻或重而已。

除去推运碎石之外，还有一部分人负责场地的零工，如索道两头要有人装卸东西、搬运笨重器材工具、平整场地、搅拌水泥……还有一人负责看管电炉子，需要烧水、热东西，这是最轻闲的工作了。

6. 恶劣的生活条件

这支劳工队在日本长野县住的地方是群山之中的山谷，周围几十千米内没有人烟。战俘劳工在此做工整整一年，除了与施工有联系的人员以外，再也没有接触过任何人。除了去吃饭、做工、睡觉之外，再也没有其他活动，生活简单、枯燥而又极其悲惨。

战俘劳工住的房子是用木板盖成的，没有一块砖瓦，共有两栋住人的房子。大一点的房子长 30 多米，宽 5 米多。小一点的房子也是 5 米多宽，大约有 20 米长。袁甦忱中队的 100 人冬天睡在一个大屋子里，到夏天就分出一部分到小屋子里去住。房子用四寸方木钉上房架，再用薄木板在方木两侧钉成两层大板的墙，中间填上锯末即成，房顶用树皮铺上几层，下雨就不漏水了。屋子里面，两边是与房子一样长的大通铺，铺上有层草垫子，垫子上铺层用高粱秸皮编成的席子。地下因地面高低不平，用木板铺成粗糙的地板，每隔 10 多米有一个用于冬季烧柴取暖用的大火坑，两个火坑之间有一条高 1 米、宽半米的案板，用来放些零用的东西。两侧木墙上有几个很小的窗户，是用木板钉的。除两间大房子外，还有一栋长、宽各 6 米见方的房子，这就是袁甦忱任班长的炊事班的房子，其中有一间厨房、一间仓库和一间住室，因炊事班只有 4 个人，所以住室很小。

袁甦忱等人被押送到日本就是去当牛马的，由于长期的侵略战争，日本的人力、物力被极大消耗，特别是在食品方面，已相当枯竭，所以劳工的食粮供给极差。供给的主食是稻糠，就是把稻谷碾成大米时被风吹出来紧靠大米的那层细谷糠。这些东西在中国都是作为饲料去喂牲畜的，但日本人却把这糠作为劳工的主食。但是，仅仅完全用糠不论多细也做不成馒头或食物，没有办法，只能放进些白面，才能和成面团，做成馒头一类的东西。当时，日本对战俘劳工的食物实行按定量配给。开始时，每人每天的配给量是：谷糠 400 克，白面 150 克，盐 7.5 克，油 2.5 克，蔬菜没有定量，原则是有就给，没有就不给，因此除去夏秋时节和蔬菜旺季时可给一些蔬菜，其他时节就吃不上蔬菜，至于肉类，更是从来就没有见到过。配给的这点食物怎样做才好，给炊事班出了难题。经过各种做法实验，最后确定比较好的办法是：用定量的2/3 的白面和全部谷糠来发面蒸馒头，将剩余 1/3 的白面做成面疙瘩汤，如果有蔬菜就炒菜，没有蔬菜就把盐放到疙瘩汤里，既当饭又当菜，也当汤喝。

两三天之后，大家都叫嚷饿得慌，吃不饱就没有力气干活，都来找炊事班班长袁甦忱，要求增加食品配给量。袁甦忱没有办法，就去找管理配给食品的日本人，经过多次交涉，最后又发动大家选出代表找其评理，表明如果总是给这一点吃的东西，战俘劳工是不可能干这样重的活。经过几天的较量，管理方最后增加了一些食品供给。整个二中队每天给一苞谷糠（50 公斤）、一袋白面（25 公斤），平均每人每天一斤半粮。

这样虽然并不能完全填饱肚子，但也实在争取不到什么了。开始时，人们总觉得饿，时间长了也就习惯了。每人每顿饭分给 4 个馒头，约 4 两面，一盒疙瘩汤，这样一个固定的食谱从来没有改变过，一直吃了一年半，直到日本投降。

为了在 1945 年的旧历年能吃上一顿饺子，大家决定每人每天少吃半两白面，用两个月的时间积攒了 100 公斤白面，至于饺子馅儿，除了向飞岛作业所要些白菜萝卜外，大家还挖野菜晒成干菜，最终实现了大年初一吃饺子的愿望。一蒸屉蒸 20 个饺子，一屉约 5 公斤面，一个山东大汉竟把一蒸屉饺子吃得一个也不剩。由此可见劳工们的饭量有多大，平时又饿成什么样了。

在第一个夏天，劳工们从中国带去的衣服还没有穿破，但到了秋天以后，所穿的衣服开始破旧，掉了纽扣，裂开口子，因不能得到及时修补，慢慢地不像样子了。入冬以后，人们穿上了棉服，但由于隧道里有很多地方从顶上向下渗水，推“轱辘马”的一天要在隧道中来回走几十趟，工作一天就把衣服打湿了。夏天穿单衣打湿之后很快就干了，而冬天穿棉衣打湿之后出了洞，有时就冻成了冰坨子，只能回到住地用火烤干，所以新棉衣很快就成了旧棉衣。经过多次与日方交涉，每个推“轱辘马”的人才得到了一块雨布。但长时间披着雨衣干活，既不方便又很闷热，所以打湿棉衣服的问题一直没有解决。

严冬季节，天气很冷，战俘劳工们把所有衣服穿在身上，有的人还是冷得受不了，就拾些破布或水泥纸袋子裹在身上，外边再穿上棉衣。纽扣掉了就拾根草绳系在腰里，如同乞丐一样。另有一些人，因烘干衣服时不注意而将衣服烧个洞，自己又没有办法缝补，只好找来一些破烂棉絮甚至是烂草塞上破洞，看起来实在是可怜。

由于战俘劳工的劳动是没有报酬的，所有东西都由日本人配给，给什么就有什么，不给什么就没有什么，没有钱就不能去买东西，没有多余的东西也不能去换东西。吸烟是大多数人的嗜好，战俘劳工在日本开始做工之后，日本人给每个会吸烟的人发了一支烟袋锅。这种烟袋锅比中国的小得多，装满一锅烟丝，吸几口就完了。由于烟袋锅太小，吸烟太费事，所以人们的烟瘾也就越来越小。

战俘劳工的住房里有一个洗澡设备，是在盖房时建起的。大房子最北面的一侧用木板隔成一道墙，形成了一个单间，当中有一个用厚板子钉成的大木箱子，四周与其他木板完全隔开。大木箱的下面用铁皮包好，放在用泥坯砌好的炉灶上，炉灶可以烧火，四面封得很严，再大的火也不能出来。炉灶后面有一个铁制的烟筒通到房外，烟筒与木板不相邻，即使烧大火也没有失火的危险。开始飞岛作业所规定每三天可洗一次热水澡，后来改为每周一次，到时候每班派一两个人先去打水，即每人提一个铁桶，从西边的小河里打水，一桶一桶地倒在大木箱里，大木箱的长、宽、高都在一米五以上，用小铁筒需要提好多次才行。然后派两个人烧火、看火，直到把水烧热才正式洗澡。开始时按照班次先后顺序来轮流洗澡，规定每人都要去，但因人多打水烧水很费事，后来规定就松懈了，谁愿意洗就洗，不愿洗也就算了。

到日本之后一两个月，大家的头发都长了，同日本人交涉后得到了两把剃头刀和一块磨刀石。但日本的剃头刀和中国的不一样，中国剃头刀的刀刃是平的，而日本的刀刃是半圆形的，好像一把小小的镰刀。开始大家不敢用，后来没办法就试了一下，但总不如平刃的顺手。几个月之后，费了很大的劲才要到一把手推子。由于没有理发员，大家开始都不会使用，慢慢的，谁愿使就使，理什么样都没关系，反正没有外人看到，只要把长头发剪短就行了。

7. 一次反虐待斗争

战俘劳工被迫到日本做苦工，过着非人生活，凶暴的日本监工对劳工不但不同情，反而经常虐待，非打即骂。在开工后的头两个月里，几乎所有人都挨过打，有的人甚至被打成残废。袁甦忱当时担任炊事班班长，负责全队人员的伙食，很少到工地上去，接触不到那么多凶残的监工，没有挨过他们的打。但看到自己的同胞被打伤打残，他感到非常难过，而又无能为力，只能找这些人研究如何躲避敌人的殴打，如何消极应付，也曾探讨过组织反抗。

1944 年 8 月中旬，一天将近中午，袁甦忱在屋前看到中队长崔儒臣从工地上怒气冲冲地回到住地，见他脸色非常难看，鼻孔似有血迹，衣服也被撕破，裤子上有泥土并有破洞，一看就像打过架的样子。袁甦忱问他发生了什么事，他开始没有回答，而是走到自己的床上，扯开被子蒙起全身，把脑袋藏在被子里，似有哭泣之声。袁甦忱更是摸不着头脑，几次问他到底是怎么回事，他才开口道："就在工地上，有几个日本人和朝鲜人把我打了一顿，他妈的，没法活了！"

原来是他在工地上看到日本工头殴打战俘劳工，就上去制止，但凶残的工头不容他干涉，还随手打他。当崔儒臣说明自己是中队长后，更惹恼了对方，那人又招来几个日本人狠狠地将他揍了一顿。事情就是这样简单而又可恨。袁甦忱问他有什么打算，崔儒臣只是唉声叹气，也没有办法。袁甦忱思考着，能不能以这件事为由发动群众向敌人开展一次有组织的斗争，但这要与大家商量，于是便说："你好好休息吧，这事交给我办好了。"

袁甦忱把当时在家的班长和几名有活动能力的人找到一起进行研究，想不到当时竟有人对崔儒臣挨打的事情抱有幸灾乐祸的情绪，说什么"他过去打了不少我们的人，今天也让他尝尝挨打的滋味"。袁甦忱表明，为这件事组织一次反抗虐待的斗争绝不是给中队长一个人报仇，而是团结一致显示集体的力量，弄好了可减少敌人的残酷虐待，大家这才重视起来，并一致表示同意。经过研究，大家决定立即成立一个请愿申诉小组，由袁甦忱带队下山寻找驻在火车站的飞岛作业所，向其控诉战俘劳工所受的虐待，要求惩办打人凶手，并商定到了作业所由袁甦忱和一名班长（他会一点日本语）做主要发言人，让大家配合营造声势。

下山到火车站只有一条小山路，要经过工地办公室的房后。袁甦忱等人本想不让工地上的日本人知道，向他们控诉是不可能解决问题的。但当袁甦忱等刚走到房后，就看到从屋里出来两个日本人。其中一个人就是办公室的负责人佐藤，他会些简单的中国话。他绕近路从山坡跑上来，拦住袁甦忱等人，询问其去向。袁甦忱就向他说："战俘劳工要到作业所去向飞岛先生控诉你们的人今天打伤了我们的中队长，他正在屋里躺着不能动，全体队员都很气愤，一致选举我们几个人为代表去找飞岛先生，看他怎么办。同时，还要请位医生，马上去给队长看病……"

看样子，佐藤早已知道打人的事，也估计到战俘劳工就是为此事而来。他感受到战俘劳工的愤怒情绪，便心平气和地向袁甦忱等人说："这件事我们已经知道了，并打电话报告了作业所，我可以再打电话请他们派医生来，你们就不必到作业所去了。"袁甦忱表示不同意，一定要找飞岛先生，大家跟着嚷嚷。佐藤又说："飞岛先生下午就要来，我可以再打电话催催，请你们先回去等待……"

当时袁甦忱想着，战俘劳工来到日本才两个月，各方面关系都不了解，语言又不通，就算到了作业所也不一定能怎样，于是就问："飞岛先生肯定会来吗？如果他来我们就可以不去；如果他不来，我们明天就停止做工，全中队都到作业所去，怎么样？"佐藤许诺其下午一定来，并会带医生来，请挨打的中队长好好休息。

袁甦忱等人回来后，把情况告诉大家，并做了进一步研究。从佐藤的态度看，日本人也怕战俘劳工真的闹起来会影响他们的工程进度，估计可能会做一些表面上的让步。战俘劳工也做了一些研究和布置。下午 3 点钟，飞岛带着佐藤、作业所的两名人员、一名警察及一名医生来到战俘劳工的住地。这些人袁甦忱大部分都见过面，他们到后先到崔儒臣的床前，弯着腰鞠躬，喊了几声"队长"，但崔儒臣却躺在床上闭着眼睛不理睬。袁甦忱和二班长应付他们说："中队长刚睡着了，请到这边来谈谈。"日本人把带来的几盒纸烟和几个水果放在崔儒臣的床头，就向袁甦忱了解情况。因袁甦忱不太会说日本话，基本上由佐藤用日本话向他们介绍，袁甦忱便趁机将战俘劳工经常挨打受虐待的情况（特别是被打残废的事）做了详细说明，并由佐藤向飞岛做了翻译。

这时屋外已站满了战俘劳工，袁甦忱综合大家的意见，向飞岛等人正式提出事先商量好的几项要求：首先，对打伤中队长的凶手要惩办；其次，对过去无故打骂虐待劳工的现象，要公开赔礼道歉；再次，保证今后不再发生打人及虐待人的事情；最后，对中队长和被打人员，特别是已经致残的人员，要进行彻底的治疗。

几个日本人在一起研究了半天，最后由佐藤向战俘劳工们表示："过去有的监工打人是不对的，这次打了中队长更是不应该，我们一定让打人的人向中队长和你们道歉，并加强教育，使今后不再有打人的事件发生。"袁甦忱把这些话立即传达给站在屋外的劳工，大家虽然内心高兴，但仍然高喊："说话算不算数？什么时候来向我们道歉？今后再有打人的怎么办？……"日本人答应第二天上午就把打人者带来向中队长赔礼道歉，许诺第二天上午大家可以等问题处理完了再去上班，并希望劳工们好好干活，不要影响工程进度。

第二天，大家都不去上工，到8点多钟，来了五六个日本人，其中有两名警察，带着昨天殴打中队长的那个主犯。日本人先来到中队长的屋里，让打人者向中队长鞠躬道歉，同时让战俘劳工集合队伍，看样子是要做一次公开的道歉。于是，全中队很快集合，站成一个半圆形，先由佐藤向大家讲："过去这一段，因我们没有教育好，使有的人不讲道理，打了人，给大家增加了痛苦，更不应该的是昨天竟打了你们的中队长。我们今天把打人者带来向中队长赔礼道歉，现在再向你们表示道歉。"说完，警察把打人者带到队伍前面，让他向队伍的左边、中间、右边各分别深深鞠了三个躬，并简单地说了几句话，由佐藤翻译，表示今后一定不再打人。佐藤最后说："希望今后大家团结一致，共同搞好工作。"

崔儒臣一直在床上躺着，没有参加这些活动，最后由袁甦忱向大家发言："今天，佐藤先生让打人者向大家赔礼道歉，并表示今后不会再打人，我看这件事就告一段落。但我们回想一下，来到日本做工已经两个来月，我们吃不饱穿不暖，每天受苦受累，过着牛马不如的生活，还要遭受到他们的殴打，大家想一想这是为什么？我们今后一定要团结起来，如果再有无故殴打我们的人，就要和他斗争。希望大家注意保重自己的身体，做工时要谨慎小心，不要发生事故，将来终有一天，会回到祖国与亲人们团聚。"散会之后，那几个日本人又到中队长屋里问候、道歉，才算了事。

各自回到屋里以后，大家的心情相当复杂，有兴奋也有痛苦。兴奋的是，今天日本人向战俘劳工公开道歉，使他们饱受苦难的心稍微得到了点安慰，但也勾起了大家思念家乡、怀念亲人的心情，不少人流出了辛酸的眼泪。

通过这次斗争，日本监工人员对战俘劳工的打骂现象在短期内大大减少，劳工肉体上的痛苦得到些许减轻。更可喜的是，中队长崔儒臣通过这一斗争，也改变了作风，不管其内心如何，但打骂人的现象少见了。从此，他躲开大家，搬到附近一处朝鲜人住的空房子里，把一切事务都交给袁甦忱去办，好几个月什么事也不管。这对劳工们来说倒是一件好事，再没有人受他的打骂了。

8. 一中队跑了五个人

1944 年 7 月，一天晚上后半夜，战俘劳工们正在熟睡时，突然被几个日本人的吼叫声吵醒了。原来是飞岛作业所的工作人员和工地办公室的佐藤，还有两名警察，把所有在室内睡觉的人都喊了起来，说是要清查人数。他们让每个战俘劳工坐在自己的床头上，由日本人来清点。当时，袁甦忱所在的二中队有 96 人，清查后一个也不多一个也不少。但他们又在床上床下、屋里屋外用手电筒各处乱照，显然是在找什么东西或是什么人。结果什么也没有发现，便让全体劳工上床继续睡觉。袁甦忱问他们发生了什么事，他们没有讲就走了。过了两三天，住在一中队的大队长商庆祥和翻译苗凤岳来到二中队，这才知道三天前发生的事。

原来在一中队里，有一个叫武荣海的战俘劳工，大概是东北人，40 来岁，自幼外出经商，曾到过北京、天津、沈阳、哈尔滨等大城市，据说还到过苏联，在天津一带做买卖的时候被日军抓获，并被当成八路的密探送往北平俘虏收容所，后来和大家一起被送到日本做工。他实在受不了在日本做苦力，就与几个同乡秘密串通，准备逃离这里。为了达到这个目的，他说自己在东北做买卖时曾被敌人抓到过一次，并也被送到日本做劳工，但后来被一个认识路的人带着，秘密跑回了东北。他的同乡问他："日本不是个岛国吗？四周不是大海吗？"他说："日本是个岛国，四周都是大海，但过去日本为侵略中国，曾在距离中国最近的海下挖了一条暗道，我们就是通过那条暗道回国的。”他的同乡听说有希望逃走，虽然十分高兴，但是还有些疑虑。为了打消同乡的疑虑，武荣海又编造了一个动人的故事：他们当时一共有 6 个人，由一个熟人带着昼夜行走，走了个把星期就到了海边，然后看见了那条暗道的洞口。因有警察守在洞口，白天不能靠近，他们就隐藏在山上，到了晚上警察们都到屋里去了，他们就秘密地、慢慢地靠近洞口，从屋子后边偷偷过去，钻进洞里就不出来了，一口气跑了几十里路。几天之后就到了中国的出口，出了洞就到了东北地区。

他说得有板有眼，跟真事一样，同乡们被说服了，决定一起逃跑，并做了详细的计划，用 10 天时间做准备，每人每顿节省一个馒头用作干粮，并准备好衣服和鞋袜，事先选了离住地三四千米远的山坡上的一个小庙作为出发的集合地点。决定逃跑的那天，武荣海要大家白天好好休息，晚上 12 点到小庙集合。他们还商定，为了减小目标，离开住地时不一起走，而是一个一个走，最多一次走两个人。

晚上 11 点，就有 4 个人离开了住地到小庙去集合了，但有一个人睡得太死，没有被推醒。等他惊醒一看，已 12 点了，于是赶紧爬起来，一个人向小庙跑去。由于思想上太慌张，又走错了路，他始终没有找到那个小庙，一直到早晨三四点钟，实在找不到其他人，只得返回住地。这时，中队的人正在找他们。

原来晚上 12 点多有人起夜时发觉少了几个人，就向中队长、大队长报告了。大队长一方面组织人到处去找，另一方面向施工办公室的日本人报告，所以日本人在早晨三四点就到二中队和三中队清查人数。当一中队找人时遇到那位失散掉队返回住地的人，才明白了一切，但那4个人已经跑出去很远了。

据说日本当局当即通知各地民众和自卫队到处查找，第四天的下午，在几百里之外把他们抓获了，后全部送到北海道，在专门为罪犯、囚徒和流放人员组织的工地上做工，那里的工作条件和生活环境更为艰苦。1944年底，日本人把武荣海的衣物送到大队，说他到北海道后又鼓动大家暴乱，并两次潜逃，最后被处决了，其他三人是否回到祖国不得而知。

9. 半夜上山火化

1944年6月，二中队一个年龄最小、身体最弱的难友突然病了，开始只是头晕、发烧、呕吐、恶心、昏睡、不吃不喝，很快病情就恶化了，三四天后的一个早上，便停止了呼吸。中队立即向施工办公室做了报告，等待日本人的安排。上午10点钟，日本人送来了两个木箱子，一大一小，说大木箱是装尸体的棺材，小木箱是装骨灰的，并告诉袁甦忱："下午将尸体装殓好，晚上抬到山上去火化，下午6点半有人来带领着上山火化，要事先准备好。"

这口棺材是用很薄的木板钉成的，长度大约一米二三，宽、高各五六十厘米。因死者是一个瘦小的孩子，宽、高都没问题，但一米三的长度怎么也放不下去，中队长就把死者的小腿骨折弯了点，用力挤压在棺材里，钉上棺材盖就算完事了。晚饭后，所有在屋里的人都出去向死者进行简单的告别仪式，之后由袁甦忱带人跟着领路的日本人走上山去。他们用一根木棒绑在棺材上，由两个人抬着走，在经过施工办公室时，带路的日本人到办公室里拿了两把铁锹、一把耙子和一瓶汽油。

开始上山时，太阳就已经落山了，天色越来越黑，山路崎岖，很不好走，两个人抬着棺材就更困难了，走不多远就要再换两个人替换着抬。走的速度很慢，大概到了晚上10点多钟才算到达目的地。这是一个较高且孤立的山头，山的四周都是树林，只有这个山顶是光秃秃的。在山顶的中间，有早已挖好的一道长一米七八、宽五六十厘米、深二三十厘米的沟，沟上还有一个半圆形的铁条，固定在沟的两侧，高出地面三四十厘米。这个沟离四周最近的树木也有一二十米远，是专门为火化死人而准备的。

到达地点，日本人叫袁甦忱等人赶快到四周去找木柴，干的湿的都可以，找到后就放在铁条上，底下放干柴，上面堆上一层一层的树枝、木柴，等放到一米多高时，就叫袁甦忱等人把棺材打开，把尸体放在木柴堆上，把死者的衣服扯平、帽子戴正。袁甦忱等人立在两边向死者三鞠躬，做了最后的告别，然后又找到木柴放在死者身上，最后把尸体完全埋上，一直到成为一个两米的大柴堆。日本人将一瓶汽油洒在木柴上，用火柴点燃，火势很快燃烧起来。火势越来越大，火苗有时高达三四米，大家的心情都很紧张，生怕发生火灾。袁甦忱让同伴们分散在火堆四边，每人手里都拿着一件东西，以控制火势的蔓延，但这一夜没有刮大风，始终没有出现危险的势头。大火烧了几十分钟后，整个木柴都已燃着了，袁甦忱等人看到了尸体在火中燃烧的过程，先是衣帽鞋袜开始燃烧，露出尸体黄色的皮肤，在火中被火给烧黑了，再后来就变成了白色的灰，白灰烧透了就一层一层地往下脱落，又呈现黑色的肉，再烧又成白灰，就这样一层一层脱落，尸体的整个形状随着木柴燃烧的快慢、树枝烧毁的暴烈情况而出现跳动式的变化。皮肉燃烧得快，而骨头燃烧得慢，四肢燃烧得较快，头、腹燃烧得慢。一米五六长的身躯很快就变成了几十厘米了，再慢慢地不成人形了，最后只剩下内脏和骨头仍在燃烧。

从开始点燃到全部燃尽，大约烧了两三个小时，火苗已经没有了，只剩下一堆灰。袁甦忱和难友们把四周分散的火炭都集中到沟里，再撒上些沙子，以免被风吹跑了，然后返回住地，回到房间已是后半夜三点多钟了。

第二天下午，袁甦忱同一个日本人到山上去拾骨灰。那时尚能感到有些热气，袁甦忱就用木棒在柴灰里翻腾着，看到骨灰就拾出来放在小箱子里面，再继续找，找了很长时间才找到 20 来块骨块，最大的骨块也不过像鸡蛋那么大。袁甦忱钉上骨灰盒了，上面包上白布，再用毛笔写上死者的名字和籍贯。在中队长住的小屋里有块专门放骨灰盒的木板，一年之后离开这个住地时，上面已有 7 个骨灰盒。

图 28　中国归还者联络会成员在长野县为中国战俘劳工修建纪念碑（何天义研究室征集图片）

八、秘密建立党组织

1. 秘密建立党小组

袁甦忱这支劳工队中有一大半是被俘的八路军，其中有一部分是地方干部，或是八路军的朋友。很明显，这里面有被俘的共产党员，只是没有暴露而已。到达青岛准备出国时，由于已没有日本军事武装直接监押，战俘互相间说话都比较随便了。特别是登上轮船之后，几个被俘的共产党员在一起交谈时就提出，到达日本后要设法了解有多少个被俘党员，在可能的条件下将这些党员组织起来，作为应付各种情况的核心。

到日本后，袁甦忱逐渐开始了活动，8 月初，他秘密建立了党小组，并逐步进行扩大。他们先进行了调查了解，经过一个多月，查出二中队被俘的中共党员有 9 人。接着是互相谈心，了解党员的具体情况，以及其对建立组织的态度和认识。在个别谈话中，袁甦忱发觉张敏、王某某的思想积极活跃，要求建立统一小组的愿望比较强烈，于是吸收他俩作为助手筹建党组织。经秘密讨论，他们先把二中队里 7 个没有问题的被俘党员吸收进来，分成两个党小组。张敏和袁甦忱分别担任党小组长，并明确了几个问题：①指导思想：任何时候不能忘记自己是一名党员，决不做叛变祖国和人民的事，要团结群众，提高胜利信心，树立一致对敌的信念和勇气；②组织原则：严守秘密，单线联系，执行组织交给的任务；③当前的任务：坚定信念，克服困难，团结群众，共同对敌，消极怠工，破坏物资，拖延工期。并确定 1944 年 8 月 1 日为正式建立小组的日期。

被俘党员小组成立后，大家在认识上有了提高，悲观情绪减少了，胜利信心增强了，党员在行动表现上有了准则，与群众的关系更加亲密。他们在日本监工不在时消极怠工，在日本监工不能发觉的地方采取各种手段进行破坏，如将水泥纸袋扎破、洒水、扯断或扔下山洞，扔散炸药、雷管，破坏电线造成停电，等等。

日本当局对长野的水力发电工程非常重视，希望不惜一切代价在一年之内打通这条长长的隧道。为了保证施工需要，都及时将各种物资通过高空索道运到施工现场。假如没有这条索道，只靠人力肩扛背驮，工程进度马上就会降下来。党小组成立之后，党员按组织的要求经常对敌人的物资进行秘密破坏，但开始只限于工具、机械等一些小东西，对大型的设备没有提出破坏要求。后来大家想着，如果能使索道出点毛病或者事故，那就好了。不久这件事还真干成了。

1944 年 10 月初的一天上午，在高空索道一头的施工点，二中队一个班正在隧道终点上工作着。突然，“轰隆”一声巨响，固定隧道钢绳的特大轮盘一下子飞了起来，被钢绳的巨大拉力带离了原位，远远地被甩在半山坡上，粗大的钢绳沿着固定在山顶上的支架飞奔滑下，并发出巨大、吓人的声音；紧接着，靠近终点的几个大铁架也随着倒塌或倾斜。一场意外事故发生了，庆幸的是轮盘前面没有人，并未造成人员伤亡，但所有在场的工作人员都停止了手头的工作。由于索道断塌不能供应物资，工程不得不停工待料。日本事务所立即组织人员进行抢修，结果动用数十人干了 20 来天，使这段工程的进度延缓了几十天。

后来，党小组得到报告，说这件事情是一名被俘党员干的。他在索道终点工作时，发现在这个巨大圆盘的底部很不容易看到的地方，有几个很大的螺帽螺钉起着固定大圆盘的关键作用。这几个螺丝帽上都画有一红杠，与固定盘上的红线相连。日本人有时会察看这个红线，如有错位就立即拧紧。有一次，这位党员上夜班时趁敌人不注意，用一个很大的管钳把几个螺钉都给倒转了一圈，使两条红线仍然相连，从外表看不出来有什么变化。这一行动短时间内并没有引起任何后果，也不知道到底能不能产生后果，所以他没有向组长报告，因而大家开始都不知道。事故发生后，他看到造成那么大的损失，更不敢讲了。直到事故发生几十天后，看见敌人并没有追查劳工的意思，他才偷偷向袁甦忱汇报了这一情况。当看到所有日本人因事故而表现出倒霉的样子、懊丧的表情，得知工期将延缓很长时间，战俘劳工都从心底发出了微笑。

2. 写家信勾起思乡情

袁甦忱等被俘的人，不论被俘的时间多久或是被转移过多少个地方，都没有与自己的家里通过信，而且大部分人是在部队里与敌人作战时被俘的，就是普通的老百姓也多数是在敌人“扫荡”时被抓获的，所以很多被俘的人家中都不知道。以袁甦忱为例，他是在夜间单人活动时与敌人遭遇而被俘的，袁甦忱的部队把他列入失踪人员，而袁甦忱的家里更是丝毫不知他的下落。

1944 年 9 月或 10 月，日本人突然通知劳工队，战俘劳工可以向家里写信，而且提供信纸、信封和毛笔等。因战俘劳工当时没有钱，所以邮费也由日本人负责，人们只管把信写好，交给日本人即可邮到家中。因为没有思想准备，也没有人提出过这样的要求，日本人突然提出这条消息，确实出乎意料。

听到这一消息，战俘劳工们一方面高兴，另一方面又有些怀疑，担心敌人在耍什么花招，怕给家里招来一些麻烦。袁甦忱当时就不准备向家里写信，因为他被俘以后就改了姓名，家庭地址、家庭成员都是临时编的，如果一通信，就会暴露真实情况，这可不是闹着玩的事，弄不好会出大问题。

其他人大都积极响应，当天就有好几个人向家里写了信，但大部人不会写字，只好求别人代写。他们知道袁甦忱会写字，又知道他过去是八路军干部，所以不少人求他帮忙。袁甦忱当然责无旁贷，来者不拒，无外乎在信里说些

“现在在日本做工，身体很好，做工不累，有很多老乡，明年就可能回家与亲人团圆，望亲人勿念，老人保重身体，等待团圆”之类的话。写完后念给他们听，大家都感到非常满意。虽然不知这信能否收到，但这种做法确实给这些悲惨的囚徒久已冷却的心里增添了一点安慰，袁甦忱本人也受到了感染。他决定改变原来的打算，希望想办法给家里通封信，既能向家人汇报一下情况，又不至于给家里造成麻烦。

当时，袁甦忱家中有六十几岁的老母亲，是位没有念过书的农妇，父亲去世后已守寡多年。母亲虽然生了三男三女，但都是大一个走一个，身边只有一个十二三的小女儿；还有一位 50 多岁的嫂子和一个 12 岁的侄女；再就是袁甦忱的妻子。她们都是农村妇女，不认识字，因为袁甦忱参加革命后，曾在本区游击队担任过一年指导员，常在家乡附近活动，附近的敌人据点都知道他的名字，所以袁甦忱不能直接给家中写信。

后经多次考虑，袁甦忱决定给岳父家写一封信，应该会安全一些，于是他提笔写道：

岳父母大人膝下，敬启下，婿于去年初冬出门不幸被俘，现已被送到日本做劳工。儿现在身体很好，工作不太累，生活不错，望各位亲人勿惦记。估计明后年即可完工，到时定会让回国，与家人团圆。望全家人保重身体，勿过悲伤，期待团圆之日可待也。敬请万福全安（并请转告袁甦忱家），婿金文华（三臣）拜。

回信地址为“日本国长野县××村飞岛作业所华工二队金文华收即可”，“三臣”是临时想的暗号，因袁甦忱是老三，大名叫甦忱，所以写“三臣”家中就会知道。

信发出去后，袁甦忱并不想得到家里的回信，因为信上是不能说实话的，写信的目的是为了传递一个信息——袁甦忱还活着，现在在日本做劳工，今后还有回国与家人团圆的希望。

大约一个多月后，在其他大部人都收到了回信之后，袁甦忱也收到了一封回信。信是袁甦忱小时候的一位同学代写的，内容大概是：

> 文华兄，来信我已读给雪山大叔一家听了，全家表示万分激动，悲喜交加啊，知道你已在日本做工，我们全家及亲友都已放心了。现家中各院一切均安，请勿惦记，望你注意身体，保证安全，早日回国与家人团圆为盼，弟弟××。

袁甦忱想着家里已得到他的消息，知道他平安活着，就达到了写信的目的了，便没有再回信。

想不到的是，与家人通信竟惹起了不少思家之情。不少收到信的人又想到了往事，不能控制，号啕大哭起来，也有的人在睡觉时蒙头暗泣。一位河北西部的老乡，半夜在睡梦中突然跳起来，大声喊道：“大姐啊，前面有河，你等着我去背你过来……”一面喊一面跳下床来，向屋外跑去。屋外西边有一条小河，他就向河边跑，这时他的班长被叫喊声吵醒，看他这样，立即追出来，快到河边时将他一把拉住，在他胸部“咚咚”给了他两拳，才把他打醒，并说：“你在干什么，还不回去睡觉。”他才发觉自己在河边，他呜咽着说：“我做梦见到我姐姐来看我了……”

3. 建立海外流亡支部

1945年初，二中队与一中队对挖隧道的人，已开始模糊地听到对面的钻探声，随着时间的推移，声音越来越接近，这说明打通隧道的距离已经不远了。开始是一个小眼，慢慢地钻成一个小洞，可以伸进一个人头，慢慢又形成一扇门，可以弯腰走人。又过了几天，隧道完全打通了，三个中队的战俘劳工上下班碰头的机会多了，交流情况的机会也多了。

这支劳工队的300名战俘劳工中，大部分是被俘的八路军和解放区的抗日军民，在去日本的轮船上，袁甦忱和杨子明、赵毅敏几个被俘党员干部曾议论过建立党组织的问题。但到达日本后，他们被分为三个中队，分开三地做工，正好赵毅敏分到一中队，袁甦忱分到二中队，杨子明分到三中队，在隧道没有打通之前，三个中队互不联系，无法来往，谁也不了解其他两队的情况，只能靠各队中的积极分子自己去发动和组织。

1945年2月13日是春节，除夕之夜，袁甦忱以向大队长拜年的名义，通过隧道到了一中队。他见到了大队长商庆祥，向他拜年；同时也向一中队的难友特别是八路军的人员，表示慰问。见到赵毅敏后，他们互相交换了情况，了解到一中队的被俘党员虽然有些活动，但没有建立组织。袁甦忱思索着，三中队的杨子明思想积极，很可能已经建立起党的组织。因此就给杨子明传信，也以给大队长拜年的名义，让他速来一中队。为了等他来见面，袁甦忱当夜没有回二中队。第二天早上，杨子明来到了一中队，袁甦忱同他见了面，了解到三中队已在 1944 年 9 月建立了党小组。就在袁甦忱与赵毅敏见面的当天晚上，赵毅敏也将一中队的 11 名被俘党员组织起来正式建立了党小组。这样，分开的三个中队里都有了党小组，现在需要研究建立统一组织的问题了。

袁甦忱、赵毅敏、杨子明立即秘密碰头，商讨建立统一组织，大家都积极赞成，并表示应当越快越好，还说今天是大年初一，是建立统一组织最理想的日子。讨论中，首先遇到的问题就是建立组织时，发起人中要不要大队长商庆祥参加的问题。大家认为，商庆祥被俘前肯定是党员，工作积极、作战勇敢，受过表扬、奖励，但因被俘时间较长，过去当过国民党的兵（东北军），被俘后表现一般，被敌人指派为大队长，所以不应成为秘密组织的领导成员。但经过进一步研究，大家觉得如果不让他参与组织领导，这将对支部开展秘密工作极为不利。经过反复考虑，最后统一了看法，认为还是吸收商庆祥参加为宜，并决定由袁甦忱马上找他谈一次话，向他说明情况，征求他的意见。如果他的态度不积极，不愿参加或不赞成建立组织，就不吸收，甚至对他采取保密措施；如果他态度积极，则立即领他来一起开会，共同研究建立组织的有关事宜。并确定，不管他参加不参加，在一个小时后，再正式开会。

这样，袁甦忱立即找商庆祥进行个别谈话，把三个小队党员组织情况以及建立统一组织的设想如实向他做了介绍，希望征求他的意见和看法。想不到他听完后相当激动，表示完全赞同和支持，并说明自己在被俘后脱离党的领导已近三年，但从没有忘记自己是一名共产党员，总希望有一天能回到党的怀抱，如果吸收他参加统一组织，他一定随时接受组织的安排。袁甦忱听了非常高兴，当即把他和杨子明、赵毅敏找到一起。他们四个人到屋外小山坡的树林里席地而坐，宣布正式开会。先由袁甦忱主持，首先每个人将自己的入党经历简要汇报一下，而后逐项研究建立统一组织的有关问题。

关于吸收党员的标准，他们在吸收不吸收新成员的问题上发生了分歧，最后统一为：①必须原来是中国共产党党员；②被俘后没有暴露党员身份；③没有叛变自首行为；④当时表现较好，在群众中没有不良影响；⑤不再吸收新的成员。

关于组织名称：意见较多，几乎每个人都有自己的想法，如“劳工协会”“华俘劳工委员会”“社会主义青年团”“中共海外小组”。经过反复研究，最后确定组织名称为“中共海外流亡支部”。

关于组织机构，很快统一了认识：①成立支部委员会（简称支委会），由3—5 人组织，由于发起人现已有4 人，不宜再减去1 人，故决定再增加1 人，由5 人组成。现在的

4人中一中队有1人，但大队长商庆祥住在一中队，应参加一中队的党组织，这样实际上一中队有委员2人，二、三中队有发起人1人，支部建立后，发起人改称支部委员，确定再从三中队中推选1名委员。②各中队成立若干个小组，一般有1—2个小组为宜。③由于身在异国的特殊环境，集体的会议形式难以进行，因此应以直线领导为宜，由分到各中队的支部委员主动承担各中队党小组的全部工作。

关于支部委员会的分工：当以上原则问题统一认识之后，立即成立支部委员会，并进行分工。

支部书记：金文华，对下传达时，可道出袁甦忱的真名；组织委员：杨子明，对下传达时，可说出真名程华；宣传委员：赵毅敏；群众联络委员：商庆祥；另由杨子明在三中队推荐一名保卫委员：张某某。

小组长：一中队柳岱东（真名柳恒发）、二中队张敏（张鸿年）、三中队田瑞生。

至此，三个中队的被俘党员的统一组织“中共海外流亡支部”正式成立。随后开始研究流亡支部的具体工作，因那时不能做记录，大致内容如下：①要求每名党员时刻牢记自己是一名中共党员。②坚持胜利的信念，振作精神迎接各种困难。③随时接受组织上给予的一切任务。④团结群众，在与敌人做斗争时要做群众的榜样。⑤以秘密为主的方式与敌人进行斗争，如消极怠工、破坏物资、设法延长敌人的工期等。会议结束后，袁甦忱和杨子明在当天下午各自回到二、三中队，并找机会分别向党员传达了支部委员会的精神，进而大大鼓舞了被俘党员的斗争士气和反抗精神。

4. 一中队的反顽斗争

“反顽斗争”是反对顽固派的简称，是指在抗日战争期间，在中国的国民党和共产党进行第三次合作时，国民党内有一部分人在蒋介石的密谋指挥下，枪口对内，专门与共产党搞摩擦，仅 1939—1943 年就掀起了三次反共高潮，使八路军、新四军受到了相当大的损失，而让日本人坐山观虎斗，拍手称快。当时，共产党把这些专搞反共活动、令亲者痛仇者快的国民党人士叫作“顽固派”，反对顽固派的斗争就叫作“反顽斗争”。

这支掳日劳工队伍中，八路军的战俘占多数，但也有少数国民党军队的被俘人员。在被俘群众中，有倾向共产党的，也有倾向国民党的。这些人在初到日本共同进行艰苦劳动时，由于大敌当前，内部不会有大的斗争，但情况稍有变化，或受到某些客观条件的影响，就开始出现分歧。

1945 年初，隧道打通之后，劳工间彼此有了串联，从友邻劳工大队传来了一条惊人的消息：上一批来日本的劳工大队，带队的是北平西苑俘虏收容所的事务室主任，此人姓杨，原来是国民党军队的副师长，十足的军阀气派，阴险狡猾，心狠手辣，经常打人。在西苑战俘营时，有个俘虏因为偷偷烧开水被他交给日本人，而遭到枪杀，因此大家对他恨之入骨。但他受到敌人的青睐，被指派为事务处的主任，后又被指派为 500 名劳工的大队长，到日本后他仍仗势行凶，劳工被日本人殴打之后又会遭到他的毒打，因而引起了大家的公愤。有些人秘密组织起来，以暴力将这个汉奸大队长偷偷砸死，扔到不见天日的深山中，并谎报其失踪了。日本人也无法处理，虽怀疑他是被人所杀，但无凭据，只好不了了之。

这一消息传到了袁甦忱所在的大队，大多数人听到消息都拍手叫好，说他是咎由自取，罪有应得。但有几个国民党被俘人员却有着相反的看法，他们公开不做任何表示，内心却增添了仇恨心理，图谋向八路军的被俘干部下毒手。

1945 年春节期间，劳工队组建了中共海外流亡支部后，战俘中的共产党员精神振奋，觉得前途有了希望，精神面貌也有了改变，但一些国民党战俘也在暗中活动。一天，袁甦忱突然接到了大队长商庆祥的口信，要他尽快到大部队（一中队）去一趟，他不知道是什么事，就在当天中午赶到一中队。见到了大队长商庆祥和支部委员赵毅敏，才知道一中队的国民党被俘人员中有几个主要人物秘密商议要砸死商庆祥，但被共产党员小周偷听到了。详细情况是这样的：

海外流亡支部建立后，一中队的党小组也进行了传达，党员同样感到激动、振奋。有天夜里，有位姓周的小组成员半夜起来到房后小树林解手，时间不长又看到三个人从屋里出来，也来到了小树林旁边的空地上，围坐在一起小声地谈起话来。当时半夜天黑，又有小树林挡着，他们没有发现解手的小周，而小周却发现他们都是国民党的被俘人员，就起了怀疑——这些人深更半夜在一起干什么呢？

小周开始注意他们的谈话，其中一个姓姜的是国民党军的副营长，在一中队第七班当班长，他开始说："……咱们的副师长被'共匪'的野小子们给砸死了，你们知道吗？我们不能这样受他们的宰割，我们应该起来报仇，好好研究一下，应该怎么办为好？"小周听后吓坏了，完全未想到他们竟有这样狠毒之心。为了安全起见，他一动不动地听他们谈话。这几个人也知道劳工大队里八路军被俘人员更多，想公开暴动砸死大队长是不可能的，因此他们决定事先选取好秘密的地点，让人事前埋伏好，然后利用谎言引着大队长走向埋伏点，用突袭的方式将其砸死并掩埋好尸体，这样就天衣无缝，神鬼不知，来一个活不见人、死不见尸。他们安排了具体分工，大概一个多小时后才回到房间里睡觉。

这可苦了小周了，他一直等到他们都回到房里睡觉，才慢慢站起来，绕到另一个方向，轻轻地回到自己的床铺上。天刚亮，他就把夜里的见闻向支部委员赵毅敏做了报告。赵毅敏立即向大队长做了报告，商庆祥也感到问题严重，所以就派人把袁甦忱找来研究对策。

听了他们的介绍，大家认为此事必须严肃处理，对企图暗害队领导的坏分子，必须予以狠狠打击。他们三个人（大队长、赵毅敏和袁甦忱）经过反复考虑，决定由一中队队长苍欣书、随队来日的苗翻译和支部委员赵毅敏三人，分别同时对三个密谋杀人者做个别谈话，先摆出事实让他们无法反驳，然后召开一中队全体大会，对其进行批评教育。

分头谈话进行得很顺利，事实上，除去挑头的姜班长开始有些抗拒外，其他两人都是一攻即破，很快交代了实情，承认了错误，但晚上召开全体大会前却出现了新问题。

此事发生的前些天，那几个国民党战俘曾秘密开会，商量着结拜兄弟，而且想拉赵毅敏参加。支部知道后，认为不能让他们结拜兄弟，并要赵毅敏好好做他们的工作。老赵也确实找他们谈了心，那些人听了后，表示赵大哥说得有道理，一定要接受他的指示，不再结拜了。但刚过半个月，就出现了谋杀大队长的事。在宣布开批评教育大会之前，又有人反映他们七八个人已经结拜成盟兄弟了，袁甦忱立即找大队长和赵毅敏了解情况。赵毅敏表现得很不冷静，认为组织不相信他、冤枉了他，保证自己绝没有结盟。

晚上的批评教育大会按照计划进行，会议开得严肃、认真、激烈，那三个被批评的人头上冒汗、鞠躬致歉，大家也受到了很大的教育。但想不到，有人突然发言质问："姜某某，你们是不是有结为盟兄弟这么回事?"姜某某马上回答："是有这么回事，我们结拜已有四五天了，当时我们不知道这样做对不对、好不好，所以我们还请赵毅敏大哥参加了结盟，以求得他的指导和帮助，现在赵大哥就坐在这里，可以作证，如果这样做不应该，那么我们就散伙。"

这一问一答，前后不过一两分钟，但使大家感到非常震惊。大家都知道赵毅敏是八路军的人，怎么会和他们结在一起，而且在几个小时以前老赵还满口保证没有这么回事，真是不可思议。袁甦忱正在困惑之时，苗翻译又追问了一句，赵毅敏才吞吞吐吐地说："我是被逼的，我当时不参加，他们就会把我也给砸死的。”

这时，姜某某突然插嘴说：“赵大哥，这是怎么说？我们都很尊重你，我们才拜你为大哥的，‘被逼’？怎么能这么讲呢？”

袁甦忱一听坏了，会议弄不好就会转变方向，因此立即对苗翻译讲：“我看关于盟兄弟的事以后再调查处理，现在大会还是按原计划进行，怎么样？”

苗翻译正在不知如何主持之际，听到袁甦忱的建议，也就有了主见，向大队长请示后宣布：“关于他们结拜兄弟的事，以后再调查处理，现在大会继续进行。”大会才得以继续进行下去。

会后，袁甦忱和商庆祥思想上都感到很沉重，当夜谁都没有睡好觉。这次批评大会虽然开得很成功，可并没有拂去大家心头的阴影。至于那些反共顽固分子的结盟不结盟并不重要，也没有可怕之处，但是把刚刚组建起来的支部委员也扯了进去，究竟是为什么？赵毅敏既然参加了他们的结盟，可又为什么要瞒着组织呢？睡不着觉，袁甦忱就起来找商庆祥研究，他们认为赵毅敏的态度关系到刚刚组建的支委会的前途，决定天一亮就派人到三中队把支委杨子明、张某某找来，开一次支委会。

第二天早饭后，袁甦忱和商庆祥在等待杨子明等支委到来前，同赵毅敏平心静气地进行了一次交谈，让他把结拜兄弟的经过详细地讲一遍。

早在 1944 年底隧道打通时，上批劳工队的杨大队长被劳工砸死的消息首先被这些国民党战俘所知晓，从而诱发他们产生了仇恨共产党、给副师长报仇的邪念。但他们的人数较少，力量也较单薄，以姜某某为首的几个人认为，要想达到报仇的目的，必须把国民党被俘人员和被缴枪的伪军人员，以及所有仇恨共产党和对商庆祥有意见的人员全部团结在一起，形成一个集团才行。而要团结这些人，必须先找些人做骨干核心。于是，姜某某物色了七八个人，在交谈中很快就同意了先结盟兄弟的想法，但其中有个人出了个很恶毒的点子——结盟时要拉上一个共产党方面的人参加，如果事情败露了，可将责任推到这个人头上。他们经过讨论和衡量，物色上了赵毅敏。当时大家都知道赵毅敏是八路军的干部，文化水平比较高，又有社会经验，年龄较大，比较成熟，与大队长商庆祥的关系比较好，确实是他们最好的人选。

因此，他们开始接近赵毅敏，说他如何如何好，愿意和他交朋友，特别是姓姜的班长，与赵毅敏又是河北老乡，两村相距不太远，这就缩短了他们政治上的距离。他们故意提出一些明明知道的事来请教赵毅敏，赵毅敏说什么他们都相信，赵毅敏让他们做什么，他们就做什么，表现得非常“虚心”。因此，很快得到了赵毅敏的信赖。不久，姜某某很神秘地向赵毅敏请示：“我们几个人可不可以结拜成盟兄弟？”赵毅敏这才引起了警惕，当即表示：“结盟是一件大事，让我好好想一想。”不久他就明确表态：“大家都是难友，少数人结拜是封建落后的组织，没有任何好处，千万不要结拜。”

姜某某也表示："赵大哥说得对啊，有道理，我们一定照办，不能结盟了。"

以上这些，赵毅敏都及时地向大队长做了报告。但是就在姜某某三人半夜阴谋暴动的前几天，他们却开始了密谋。以姜某某为主的7个人集合在事先选好的山上的小庙里，姜某某宣布："我们今天正式结盟，但一定要拉上赵毅敏，你们在这里等着，藏在庙里不要动，我想法把老赵找来。我们俩一进庙门，你们就出来强行结拜。但我们没进门之前，你们一定不要暴露，以免让他发觉，那就砸锅了。千万要注意，绝对不能暴露。"

在商量好具体办法之后，姜某某就下山来找赵毅敏，对他说："我心中有很多想法，也有很多思想疙瘩，希望能找大哥好好谈谈。"这样，他们边走边谈，一直向大山走去。突然眼前出现了一座小庙，大门紧闭，赵毅敏没来过这里，姜某某便好奇地建议道："我们进去看看，庙里是什么神。"他先在大门上拍打了几下，暗示里面的人自己来了，然后就推门进去了。一进大门，姜某某随手就把门关上了。这时，突然从里面走出其他几个人来，一齐说道："赵大哥来了，我们等你好半天啦，快到里面去坐。"说着他们七手八脚地簇拥着赵毅敏，把他接到殿堂正中央的位置上。

这时，有一个人大声说道："现在我宣布我们8个人正式结为异姓盟兄弟，从现在开始，我们就成了比亲兄弟还要亲百倍的患难兄弟了，现在请各位面朝北方跪拜天地。"后来又对天盟誓，排列兄弟序次、互相磕头等。最后，姜某某站起来说道："亲兄弟们，今天我太激动了，我原来向各位传达过赵大哥的意见，先暂时不结盟，等等再说。可是你们等不及了，非今天结拜不可，我只好服从你们的意见了，今天正式结拜为兄弟。由于赵大哥比我们知识水平高，社会经验也丰富，我建议请赵大哥做大哥，大家要尊重他，服从他，也希望赵大哥把我们作为小兄弟来看待，我们有不对的地方，请尽管批评，甚至处分，我们绝对听从，大家同意不？"

"同意！"大家一致表态。姜某某接着又说："这件事，我们绝不能对外人讲，甚至对自己的亲生父母也不能讲。咱们丑话说在前面，谁要是泄露出去，那谁就是'叛盟'，大家就应该……"刚说到此处，就有人接着喊："就把他砸死，消灭掉。"姜某某再没说别的，让大家疏散，隐蔽地返回住地。

赵毅敏从一进庙门，就知道上了当。但当时的情势已无力制止，所以他从开始直到结束都没有说一句话。他知道说话也没有用，而且那些人也不希望他说话。

袁甦忱问他："你既然参加了，就应该回来向我们讲清楚，以便用大哥的身份来控制他们，可你为什么向组织隐瞒，形成这样被动的局面呢？"赵毅敏没什么理由可讲，只是悔恨地说："因为这是支委会第一次正式交给我的任务，我没有完成，没有脸面向组织反映。再加上他们发誓决不向外泄露，我估计他们死也不会说，那样任何人也不会知道这事，所以我的隐瞒也不会败露。我真是想错了，做错了，一切都错了。”

当天上午，杨子明从三中队来了，袁甦忱等人向他反映了一中队和赵毅敏本人发生的事情。随后，大家正式召开支部委员会。袁甦忱以支部书记的身份，提出中共海外流亡支部要不要继续存在的问题——要想存在，支委本身必须精诚团结，互相支持，要对28位被俘党员负责，要服从组织决定，执行决议，决不能因为任何理由而隐瞒组织，把赋予自己的责任视为儿戏，各行一套；否则，建立组织有何意义呢？

几个支部委员都表了态：中共海外流亡支部既已建立，就应存在下去，并批评了赵毅敏所犯的错误。赵毅敏也表示愿意接受任何处分，并希望中共海外流亡支部决不要因为他的错误而撤销。最后，支委会决定给予他撤销宣传委员的处分，建议由二中队的张敏接替他担任支部宣传委员。此后，虽然支部工作继续运转了下去，但这确实是一次严重的教训。

5. 振奋人心的破报纸

战俘劳工自从被俘到日本做劳工，就像进入了与世隔绝的黑暗地狱，既接触不到群众，也看不到任何刊物。因此，人们对当时广泛而激烈的第二次世界大战，特别是与自己命运相关的中日战争和苏德战争，都一无所知。他们每天闷头干活，看到的只是大山、石头和监工人员的凶恶面孔。所以不少人思想消极，情绪低落，甚至产生了悲观厌世的想法。

1943年冬袁甦忱被俘时，苏德战场上已经出现了苏军反攻的局面，中国的抗日战争也度过了最艰苦的阶段。当时党中央已提出了“今年打败希特勒，明年打败小日本”的响亮口号。但时间过去一年多，战争形势发展到了什么地步呢？由于被困于敌穴，对战争的发展无法了解，虽然他对德国垮台、日本灭亡的结果坚信不疑，但现在的战况如何，胜利在哪一天？他就不敢想象了。他非常想知道当时的形势，哪怕是只言片语、字里行间的一点消息也是好的啊！

机会来了。大概是1945年初，有一天，袁甦忱看到一位难友从工地上回来，腋下夹着一个纸包，就笑着问他拿的是什么，他也笑着给袁甦忱看了一下，里面包的是什么破烂东西早已忘记了，但那张包东西的纸却引起了袁甦忱极大的兴趣。那是一张日本最有名气的报纸——《朝日新闻》，上面登着一些第二次世界大战的战况，还附有两张战场形势图。袁甦忱如获至宝，饭都不吃了便仔细地看了起来。

他虽不懂日语，但日文中有不少汉字与中国汉字的意思基本上是一致的，所以只要看日文上的汉字，就可以大体上知道文章的内容。从这张报纸的报道中，他看到了美英联军在德国境内进攻的消息。在他被俘前就已知道美英要在欧洲开辟第二战场，直到1944年6月，美英联军终于在法国北部登陆，形成了对德国的夹击之势，减轻了东部战场上苏军的压力。在苏德战场上，苏联军队由被动转为主动，由防守转为反攻，分三路军进行了大规模的反攻出击。北路大军由苏联进入波兰，中路大军进入捷克、奥地利，南路大军进入罗马尼亚、保加利亚。当时，各路反攻大军都已打到东欧各国的西部，有的已接近了德国本土。原来被侵略的东欧国家，如波兰、捷克、南斯拉夫、罗马尼亚、奥地利、阿尔巴尼亚等国，已大部分被苏联解放，建立了自己的政府和军队，并参加了回击德国侵略的战争。从报纸上，他看到了第二次世界大战的进程，也看到了德国已失去了目空一切、疯狂一时、威震欧洲、世界无敌的气焰，陷入了四面受敌、到处挨打的被动局面。由此看出，苏德战争过不了多久就会以德国失败、希特勒灭亡而告终。

他看过之后非常高兴，好像在黑夜里忽然看到了亮光，激动之情难以自控。当天晚上，他就将在屋里休息的人员召集在一起，向大家宣布道："我今天向大家报告一个好消息，今天我看到一张报纸，上面登着一些有关当前战争的情况，现在由我介绍一下吧……"

在介绍报纸内容之后，他还提出了个人的看法："这次世界大战是由德国、意大利、日本三国挑起来的，受到了全世界人民的反对。经过六七年的残酷拼杀，现在意大利已经灭亡了，德国不久就会完蛋，而后全世界人民就可以一致对付小日本了，这必将加速日本的灭亡。现在我们不能光看到自己深陷敌牢，痛苦受罪，而应该看到战争发展的趋势。非正义的战争将来一定要失败，反侵略的战争一定会胜利，这就是战争的规律。不要看一时的失败或暂时的黑暗，最后的胜利一定是我们的。"

战俘劳工们的处境和袁甦忱一样，从被俘后都没听到过这类消息。这天听了袁甦忱的介绍和讲解，都异常兴奋和激动，人们增强了胜利的信念，增加了克服困难的勇气，转变了消极悲观的情绪，增添了团结友爱的精神。

最后，袁甦忱提议："今后大家出去干活时，都要注意收集敌人的报纸，偷偷地拿回来研究。这样才能把战争的形势及时告诉大家，不然对情况是无法了解的。"但是他们所处的环境实在太封闭了，根本没有报纸的来源，所以难以如愿。直到劳工队从长野转移到岐阜，他们才和日本民众有了较多的接触，才有了从报纸上了解战况发展的机会。

6. 转移岐阜中川边

1945 年 6 月初，长野县的隧道工程已基本完工，袁甦忱所在的劳工队开始转移。一天下午，全队搭乘一列窄轨火车，经一夜的时间来到了岐阜县的中川边町，开始了新的工程。

这里的环境与长野县的做工地点大不相同。长野县的工地在大山沟里，周围几十里除去一个小小的窄轨火车站外，根本看不到人烟或农田，不管向哪一个方向看，都会被高高的山岭、密密的树林挡住视线；而这里都是平原和丘陵地带，村落较多，到处是水田。6 月初是农忙时节，田野里到处都是干活的农民。

中川边町属于岐阜县，但离县城有 30 千米。町相当于中国的乡镇，町中有条东西长约1 000米的街道，有不少商店，但规模都不大。房屋都是木质的平房，最高也不过两三层，没有高楼大厦。房子内部都很干净，主妇们每天会用湿托布在地板上擦洗。看样子人口并不多，而且大部分是老人、妇女和儿童。町的西边有条河流，河上有公路桥和铁路桥，并修有一座堤坝，用以提高水位，建造了一座水力发电站。发电站有 4 个闸门控制水量，估计发电量不会太大。

劳工队新的住地在中川边町北面约2 000米的小山坡上，出屋就是不太高的山群，西面是平原，北面是丘陵，南面过了中川边町再走不远又是一群小山。从住地到中川边町有条平平的土马路，向北走几千米有座军营，有时可以看到军队在公路上走动。向西偏北走三四千米处有座飞机场，坐落在两面是土岗的中间，有铁丝网围着，门口有哨兵警戒，机场内停放的飞机都用伪装网罩着，在远处或空中不容易被发觉。

到达岐阜中川边町后，劳工队三个中队都集中在一起。住房的结构、样式、大小都和长野县差不多，并排三间大屋，每间住一个中队，另有很大的厨房、仓库，因此三个中队的炊事班也合并了起来，统一做饭。这样，三个中队的三个炊事班班长轮流负责，比过去清闲多了。

厨房的后面有一条从山上漫延下来的小河沟，劳工队300 来人吃饭、饮用、洗澡等用的水，都来自这个河沟。因落差太大，坡陡沟深，打水非常不方便，后来他们在东面的后山腰里找到了水源，将山上长长的竹竿砍倒，把中间的隔膜去掉，变成了水管，用几十根竹管连接起来，一直通到厨房后面的一个大水箱里，使水箱里面的水随时都是满的。水箱上面放有水盆、水勺，任何人可随时饮用，方便极了。刚到中川边町住地时，一切主副食标准都与长野县时相同，但蔬菜方面因交通方便，菜源较多，因此比过去多了一些，但肉、油仍然很少。

他们到中川边町的第二天，就到新的工地去做工了。在这里做工的方法、形式虽然与长野县差不多，也是打眼、放炮、推轱辘马、运碎石头，但性质完全不同。这里不是挖隧道，而是打深洞。工地离他们住的地方约有1 000米，是在一面不太高的山坡上切开一个直立的平面，并排挖几个山洞，高七八十米，宽一二十米，向里面挖了不知道多深。因只挖了两个多月（各挖进三四米不等的深度）日本就投降了，他们便停工了，再也没人去过问。后来才知道，这些深洞是隐藏飞机的秘密飞机库、飞机修理厂。

他们到中川边町不久，大概是 1945 年 6 月底，曾经受了一次台风的袭击，这也是袁甦忱有生以来第一次经历台风，所以印象很深。台风来到的前一天，他看到中川边町的居民有的在加固房屋，用木棍把房子顶住；有的在地上打桩，用短木和绳子把房子四周拉紧。第二天傍晚忽然刮起大风，到半夜已是狂风暴雨，战俘劳工在屋里大声说话都听不到了。他们的房子是用木板临时钉起来的，到处是空隙，盖在身上的被子、衣服被刮得到处跑，用树皮盖的房顶虽然不漏水，但因是瓢泼大雨，雨水随着狂风从各处空隙吹到屋子里，把东西都淋湿了。好在当时是夏天，并不感到冷。狂风越刮越凶，房子摇摇晃晃，他们都躺在床上，谁也不敢起来，都担忧房子会被吹倒刮翻。挨到天明，风似乎小了点，大家出来一看，他们住的大房子有些倾斜，厕所被刮出三四十米远，倒在地上。劳工队不得不用几十个人把它抬回来，放在原来的位置，并学当地居民的办法，在厕所的四周打下木桩，用绳子、木杆把它固定起来，以免再次被刮跑。

战俘劳工到新工地后，除了到施工现场推轱辘马运碎石头之外，还有一些人被派到中川边町街道的机关部门做零工，主要是整理屋子、打扫卫生、搬运东西等杂活。从此，大家与日本民众接触的机会多了，对战争的形势发展也了解得更多了。

7. 特殊的“七一”纪念

劳工队转移到中川边町后，集中住在了一起，大大地方便了大队的领导和统一行动，中共海外流亡支部如何在新形势下开展工作，就需要做认真的考虑。因此，到新地方不久，1945 年 6 月 10 日前后，杨子明费了很大的精力写了几条注意事项，在支委会上也研究讨论过，但大家对此不太重视，既不反对，也不同意，认为可有可无，所以也就不了了之。

后来，中共海外流亡支部秘密地召开了一次支委会，主要内容是研究当前的形势和支部的任务，大致研究决定了以下几个问题：①坚定胜利的信念。当时的国际形势对中国的抗日战争很有利，意大利早已灭亡了，德国法西斯也于上月投降，希特勒已自杀，只剩下一个日本，其失败的命运不可避免，只是时间的早晚而已。因此支部要求党员们振作起来，随时迎接胜利的到来。②支部党员要有随时应付突然事变的思想准备，预防敌人狗急跳墙拿战俘劳工开刀或者发动集体屠杀，必要时需做拼死斗争，组织暴动。③随时准备迎接国际反日联盟的到来，到时要根据实际给予必要的支持，可设法集体投向盟军。④随时注意原国民党被俘人员、原伪军缴械人员及所有反共人员的思想动态，严防他们的阴谋活动。要团结他们中的进步派，争取教育中间派，打击孤立右派（顽固派）。⑤中国共产党建党 24 周年的纪念日即将来临，要求支部每个党员都要认真进行庆祝活动，因客观条件不允许公开活动，所以要求每个党员（最多两三个人在一起）秘密地庆祝。以上几点经过支委会的认真讨论，得到了统一的认识，其中前四项属于思想认识方面的问题，要求大家提高觉悟，随时做好准备，而最后一点则要求大家做具体的庆祝活动。

会上，组织委员杨子明建议：中共海外流亡支部既然是一个组织，就应该有自己的组织纲领和章程。其他委员听后有些意外，袁甦忱则认为，就当下的情况看，既没有编写的条件，也没有那样的水平，中国共产党的纲领和章程就是支部的纲领和章程，还写什么呢？因此提出了反对意见，杨子明仍然坚持自己的意见。他建议就算是以中国共产党的章程为指针，那也应该好好地写出来，使大家了解并照着去做。大家认为他说的有一定道理，就决定让他写写看，等写好之后，再开支部委员会研究决定；同时表明，在向其他党员传达上述决议时，一定要说明中共海外流亡支部并不是新生的政治派别，而是由一些失去组织关系的共产党员自行组织起来的，一切须按共产党的原则、规章、要求去做。

到了7月1日这天，中共海外流亡支部的党员三三两两地分头进行了纪念。袁甦忱同二中队的一名党小组长一起来到了东山坡上的一棵松树下，秘密进行了庆祝仪式。他们俩肩并肩地面向中国延安的方向行了三鞠躬礼，然后举起右手宣誓，表示了自己的决心——虽然失去了党的关系，脱离了党的直接领导，但他们绝不会忘记自己是一名共产党员，在任何艰难困苦的条件下以及残酷危险的环境中，都会按照党的原则和要求去做，勇往直前，视死如归，决不后退。最后，他俩以低沉的声音合唱了“国际歌”。

这一天，袁甦忱等人情绪高涨，好像与党有了直接的联系。事后，各中队的党小组都进行了汇报，每位党员都进行了不同形式的庆祝活动：有人采了一些鲜花扎成了小花环，献给了党；有人用红纸做成五角星，作为纪念留了下来；还有人用纸剪出镰刀或锤子，做成小小的党旗藏在身上。总之，每一个党员都认真执行了支委会庆祝“七一”的决议。

九、日本投降前后

1. 盟军的飞机来了

战俘劳工转移到中川边町后，人人都嗅出了战争的气味。由于中川边町是町区政府所在地，有行政领导机关，有战时指挥民众的体系，附近也有军事设备，所以对战争的反应比长野县敏感得多。6 月下旬的一天，袁甦忱带着几个人到中川边町去办事，回来时刚走出两三里地，突然听到背后发出“呜—呜—呜”的声音，他们都站住了，回头看这声音是从哪里发出来的。因为距离较远而看不清，他们感觉声音好像是从中川边町的中部的房上发出来的，又影影绰绰地看到有人在村边跑动。后来才知道这是空袭警报，但在当时是第一次听到，没人知道是怎么回事。他们也听到西南方向的天空有一种沉闷的轰轰声，大家判断是多架飞机经过的声音，但因距离太远而看不到飞机。轰隆声渐渐远去了，慢慢地什么也听不见了，他们回到住地才又听到了“呜呜”的解除警报的声音。这次警报虽然没有看到盟军飞机对日本的轰炸，但也引起了人们的关注。大家分析，这说明战争还在继续，战火已向日本国土蔓延，等陆军登上日本之后，战争就快胜利了。

7 月的一天，他们突然看到一架日本飞机从东北方向南飞去，飞得不太高却很快，机翼下面的两个太阳标记看得很清楚。飞机刚飞到劳工队住地上空，人们听到东北方向又来了一架飞机，直追这架飞机而来。后面的飞机速度要快得多，前一架刚飞出他们的住区南面不远，后面的飞机就发出了几道亮光，接着就是“突突”的机关枪响声。前面的飞机被打中后着了火，拖着一条长长的火尾巴飞出不远，就一头栽在地上，落到了南面的小山坡上。“轰”的一声，一团火焰腾空而起。后面那架飞机在劳工住地上方转了个 180 度的大弯，又向东北方向飞去。

这次从听到声音、看到飞机、追击、开火、击中起火到坠地爆炸，前后只一两分钟的时间，而且就在战俘劳工们的视力范围，大家看得很清楚。袁甦忱联想到日本空军在中国战场上的猖狂，他们在国内抗战期间曾多次被日本飞机骚扰，藏在青纱帐内不能出来，就连美国在珍珠港的军舰也被日本飞机炸毁多艘，可算是威风一时了。而现在日本的飞机却被盟军的飞机追赶到国内的中心地带，并且还被击落了，而附近就有日本的机场和飞机，却并未起飞去追赶还击，盟军的飞机好像进了无人之境，来去无影，顺利返航。这说明日军的战斗力已大大被削弱了，它离战败的时间不会太长了！劳工们看到这种场面，都拍手称快。

后来，人们又接连看到过两三次盟军的高空侦察机在附近上空出现，但日本方面都没有拉警报，也没有战机进行拦截。

大概到了7月底，战俘劳工们在住地又听到从远处传来一阵非常沉重的“轰轰”响声，与平常的飞机声音有些不同。屋里的人都跑出来查看，只见3架大型轰炸机直飞而来，紧跟在后面左右两侧又各有3架飞机照直向南飞来，而后又出现了3架、6架……这是大型机群，袁甦忱号召大家都来数数，看看到底有多少架。当即就有不少人响应了，开始数起来：3、6、9、18、27、30、36、54……后面仍继续出现，而前面的飞机已快到他们住地的东面上空了。这时就看到机群下面出现了几团火球，闪亮之后，就成了一团黑烟，紧接着这种火球、烟团越来越多，而机群不变队形，照直向南飞去，一点没有乱。

强大的飞机群的轰鸣声压倒了一切，战俘劳工们在地面上必须大声地嚷叫，才能互相听到。人们很快又发现了那些火球和烟雾是由地面向上发射，并伴有“隆……隆……”的炮声，这说明日本的高炮部队在发射高射炮弹，企图打下盟军的轰炸机。由于炮弹的飞行高度达不到，所以机群未受到影响，向预定的目标飞去。

在地面上数数的战俘劳工，有的数了60多架就分不清了，有的数到了100多架。高射炮火给空中机群下面造成黑烟时，数数的人实在看不清了，最后估算约有150架。很明显，这个大型轰炸机群的轰炸目标绝不是中川边町附近的地方，所以对地面高射炮的干扰根本不予理睬。进入1945年8月以后，日本国内的形势变得更加紧张复杂，在夜间有时也会发出空袭警报。在半夜睡梦中，战俘劳工时常被远方的爆炸声惊醒。8 月上旬，美国向日本广岛和长崎连续投下两颗原子弹，震惊了日本及全世界。日本当局通过报纸一方面教育人民要加强防空措施，同时也表明战争的前途命运不是靠一两件新武器所能解决的，战争的胜负要靠军队的战斗力和人民的支持。他们引证了许多歪理和事例，说明日本一定能取得最后的胜利。

8 月 8 日，苏联宣布对日宣战，震撼了日本国内。苏联军队从中国的东北分数路向日本关东军发动了全面进攻，但报纸上报道得不多，并没有引起日本民众的注意，对日本国内的威胁并不太大。

8 月 10 日前后，苏、美、英、法、中联合提出要日本投降，并进行了最后通牒。战俘劳工偷偷从报纸上得到了这一消息，他们也看到了日本的答复：决不投降，一定战斗到底，要实行焦土抗战等。

2. 日本终于投降了

1945 年 8 月 15 日，和往常一样，袁甦忱和炊事班仍提早起床，为大家准备早餐，7 时左右按时开饭，白班上工，晚班回屋睡觉。

上午 9 点半钟左右，从住地东面飞来一架大型喷气飞机，它的尾部拉着一条白烟，经过劳工大队的住地上空，向西平稳飞去。人们事前没有听到防空警报，地面也未给予任何干扰，飞机慢慢消失在视线之外，但它留下的那条白烟，由于没有刮风，一直在高空停留不动，只是慢慢变粗，一个多小时后才逐渐消失。

上午 11 点，他们按时将饭送往工地，工地上仍与平时一样，人们照常做工。

12 点后，炊事班整理完炊具，大家上床午休。下午一点半左右，袁甦忱午觉睡得正浓，突然被一阵嘈杂声惊醒，他立即起床查看原因。原来是一中队在工地上做工的劳工全都回来了，紧接着，二、三中队的人员也陆续返回来了，这是到日本开始做工以来从没有出现过的事。袁甦忱问他们为什么回来，他们都说“不知道”；问人们什么时候回去，也不知道。袁甦忱问他们回来的详细经过，他们都抢着说：“我们正做着工，日本工头突然就叫我们统统回来，关于为什么，出了什么事，他们一概不知。另外，工地上所有的日本人和朝鲜人也都不干了，看他们的表情都很悲伤、不高兴。”

下午 3 点多钟，在作业所做杂工的人也陆续返回，其中有一个人在回来的路上遇到一个认识的小孩跑过来向他说：“你的，好了好了的……”还说了些他听不懂的日本话，并看到小孩把双手向上举过头顶，好像是缴枪的样子，同时嘴里重复着“马改大，马改大”，他认为小孩在对他开玩笑，没有在意。

下午 4 点多钟，最后一个在工头家干零活的人回来了，他向大家叙述了比较完整的情况：

早晨一上工，他看到各家都在擦洗收音机，说是中午有重要新闻会广播，全国都要在11点半以前吃完午饭以收听。果然，11点50分左右，町内所有家庭的成员都跪在收音机下面等候。中午12点整，日本天皇正式讲话，大约讲了半个多小时。从收听人的表情看来，先是尊敬，接着转为惊愕，最后是悲伤，有些人哭出了声音。虽然他的日本话比别人懂得多，但仍听不懂，看样子日本一定出了大事，但具体是什么他也不知道。

至此，事态已经明朗了，日本一定发生了震动全国的大事，使他们的人民都感到悲痛，连全国的工厂都停止做工了，但究竟是什么大事呢？当时无人知晓，人们只能进行猜测分析。这时有人提出，日本小孩重复说的“马改大”是什么意思呢？于是有人跑去找到苗翻译，问他“马改大”的含义。苗翻译说是“失败、缴械、投降”的意思，这一下，人们才开始往这方面去想。

这时，有人提出来是否可以到中川边町里去看看，打听一下。这提醒了袁甦忱，他立即找了几个人，以领取东西的名义沿着公路向町里走去。但走出大约一半的路程，就看到路边开来两辆小汽车，沿着公路迎面向他们开来。当离他们还有几百米的时候，袁甦忱看到小汽车上插着一面黄色小旗，这说明车里坐有将级军官（当时日本有规定，将军坐车要插黄色旗，校官坐车插蓝色旗）。袁甦忱等为了摆脱麻烦，就离开公路，走上田野的一条小路。刚走了几步，就看到一辆小车停在他们后面，车上下来一个人，叫他们返回住地。袁甦忱一看是作业所的人，估计他们是到战俘劳工住地去的，所以赶快返回了住地。但汽车并没有开进他们的住地，而是到北面一个军营里去了。

大家议论纷纷，无所适从。袁甦忱就带上那几个人，第二次再到町里去打听。当走到刚才返回来的地点时，又看到从町里方向走来一个人，等走到跟前，才看清是飞岛作业所的钱坂入三郎。此人是个“中国通”，在中国住过多年，中国话说得很通顺，袁甦忱等人离着老远就喊道：“钱坂先生，到底发生了什么事，我们都在屋里等待消息呢！”他一看是袁甦忱等人，就一面向他们挥手，一面加快步伐向他们走来，并大声地说：“好啦，现在打仗没有事啦，日本已经投降了，你们很快就可以回家了，赶快回去告诉大家，都欢喜欢喜吧！”

捂着的盖子一下揭开了，原来日本真的投降了。袁甦忱他们和钱坂走到住地时，所有的人都站在房头等待着确切的消息。当他们把日本已经投降的特大新闻告诉大家时，就像一块火炭投入了炸药里，一下爆炸了，人们蹦呀、跳呀、喊呀、叫呀、哭呀、笑呀……一下翻了天。

这时已经是 8 月 15 日下午 6 点。

“日本投降了！日本投降了！日本投降了！……”

这是全中国乃至全世界数不清的鲜血和生命换来的胜利果实。对于被强掳到日本遭受了痛苦和耻辱的战俘劳工来说，它直接关系着人们的命运，是翻天覆地的大事。它一旦变为现实，就像火山爆发一样，大家内心深处埋藏的悲伤、痛苦、折磨……一下喷发了出来。于是，你一声我一声，一个接一个，一声高一声，一群传一群，一浪高一浪，汇集成了无法遏制、毫无节奏的狂欢怒吼。就连平时不言不语、逆来顺受、隐忍屈辱、只管低头干活的人，也都一下跳起老高，眼泪随着汗水，哭泣伴着欢笑，喉咙喊哑了，门窗砸坏了，拳头流出鲜血了……

战俘劳工的欢呼活动，两三千米外的中川边町也能听到，他们可能以为这些中国人都疯了！在大家开始狂欢之际，袁甦忱原想立即召开一次支部委员会，研究下一步该怎么办，但支委会是秘密组织不能公开，他只好马上召开行政扩大会。他先找来大队长，把各中队长、炊事班班长和几位活跃人物召集起来，这样就把支部委员包括了进来，苗翻译和日本人钱坂也参加了会议。

因为大家的心情很不平静，讨论的问题很不集中，有的人开始提出一些不着边际的问题，比如立即派人接管中川边的政权、砸烂飞岛作业所、去兵营接收武器等。后来经过一番争论和研究，会议确定首先做两件事，第一是召开一次庆祝大会；第二是立即与作业所交涉，改善劳工生活，其他问题等开完庆祝大会后再说。

为了开好这次庆祝大会，他们把与会者分成三个小组分头准备。有的负责搭会议主席台，有的负责清理场地，有的负责布置会场，有的负责大会议程、会标、讲话，有的负责改善劳工生活；并派人去作业所交涉，争取从明天开始，主食以大米、白面为主，不再吃谷糠之类的东西。因为当天晚上大家都有事干，决定加顿夜餐，吃顿白面条。

经过一个紧张、热烈、激动、欢腾而又毫无倦意的不眠之夜，又迎来了新的一天。1945 年 8 月 16 日，天高云淡，惠风和畅，风清气爽。清晨，人们走出屋门，首先看到这一夜狂欢使战俘劳工的住地环境发生了变化。院子东头的土台上已经搭好了一座 20 多平方米的宽大席棚，外面用苇席围好，里面挂上绛紫色幕布，在席棚的正上方横挂有一幅七八米长的红色布料，上面用白纸黑字写着“热烈庆祝反法西斯战争胜利大会”14 个方块大字，让人看了感到振奋欢畅。院子的地面也发生了很大变化，原来凹凸不平的地方进行了平整，荒草乱枝都已铲除，垃圾进行了清理，土台的边沿都拉直进行了铲平，就连地面的浮土也进行了清扫，一切都焕然一新。

上午 9 点，庆祝大会正式开始，各中队整队入场，按指定位置坐在会场平地上。大会由一中队队长苍欣书担任司仪，他先把大队长、苗翻译、3 个中队长和 3 个炊事班长请到主席台上落座，然后宣布大会开始。

第一项：全体肃立，面向祖国，向全国抗日将士、祖国人民和自己的亲人致敬（行三鞠躬礼）。第二项：向在抗日战争中英勇牺牲的烈士们致哀（默哀三分钟）。第三项：请大队长商庆祥讲话。

商庆祥自幼读书，又是行伍出身，到过不少地方，在八路军正规部队中担任连长多年，有处世经验，善于言谈，他微笑着走到主席台前，先向大家深深鞠了一躬，然后高兴地开始讲话：“同胞们，弟兄们，同志们，昨天，也就是 1945

年8月15日中午12点，小日本已正式向同他们作战的国家，当然也包括我们伟大的中国，投降了……小日本向我们投降了……”

这一下，300来人经过一整夜狂欢喧闹后稍微平静一点的心情又突然暴发了起来。鼓掌，热烈鼓掌，长时间的鼓掌，商庆祥多次打手势，才使大家平静下来。接着他讲到为了打败日本人，中国人民付出了多大的代价，忍受了多大痛苦，流了多少鲜血，牺牲了多少生命，才取得了这一伟大胜利。大队长的讲话没有讲稿，时间也不过三四十分钟，但是情绪激昂，多次被群众的掌声打断。

第四项：金文华（袁甦忱）报告战争经过。因为没时间准备，他只用一张小纸片写了个简要提纲，便开始报告：“难友们！同胞们！从昨天下午开始，我同大家一样，心情非常兴奋，无限激动，没有办法平静下来，大家要我讲这次世界大战的经过，真不知道应该从何说起，现在请大家先看看这次大会的会标——”说着袁甦忱用手向台上挂的横标一指说：“就从为什么叫反法西斯战争开始吧！首先说什么是法西斯。法西斯是在第一次世界大战之后，先由意大利的反动头子墨索里尼创建和组织起来的一个极为反动的军事组织，以搞暗杀、破坏、恐怖活动，在自己国内实行独裁统治、对国外进行扩张侵略政策闻名。后来德国的希特勒、日本的东条英机也随之发展，他们结成了法西斯联盟，一步步地发动了这次世界大战。1931年日本发动了九一八事变，占领了我国的东北三省，1937年又发动了七七事变，揭开了灭亡中国的大规模军事行动……”

袁甦忱一气讲了一个多小时，将整个战争的大体经过讲了出来，得到大家长时间的热烈鼓掌。他讲完之后，是各队代表讲话，呼口号，唱歌，最后一项是游行。人们重新整理服装及队形，将要前往中川边町的街里。他们是战胜日本的中国人，过去受尽了日本的欺辱，但今天胜利了，已经挺起腰板，直起身子，昂起了头。他们虽然衣服不整齐，但步伐是整齐的，士气是高涨的，口号是响亮的，精神是欢畅的。

这支特殊的游行队伍当天走遍了中川边町的大街小巷，显示了作为战胜国的民族尊严。

3. 秘密支部的决议

经过两天一夜极度紧张的欢腾喧闹，游行后返回住地已是下午1点，大家紧张的情绪有些松弛，高涨的精神有些降温，吃过午饭后，大都入睡了。有的一觉睡到了第二天早上。原定晚上开娱乐晚会，因为文艺人才少，又没有准备，加上一些人还在睡觉，只有少数活跃分子热闹了一阵。

8月16日晚上，支部书记袁甦忱抓紧时机召开了一次支委会，分析了当下的形势，研究了眼下的工作。因为大队长商庆祥也是支委，讨论问题就比较方便，贴近实际。大家认为：日本投降了，工程停止了，日本人不会让大家做工了，也不敢再管战俘劳工了。可中国虽是同盟国，但一时半会儿也管不到这里。日本刚投降，国内很乱，一时也不可能把战俘劳工送回祖国。可能在一段时间里，这里会处于无人管的状态。这就要求劳工队自己管理自己。所以，支部的中心任务是要帮助大队领导出点子、想办法，使大家平安渡过这一时期。尽量把大家生活搞好些，精神愉快些，不闹事，也不能再死人，团结一致，争取早日安全归国。

在研究具体工作时，大家认为应从三个方面入手：一是要解决实际问题，改善大家的生活，如吃饭、穿衣、鞋袜等；二是多组织些活动，如文化娱乐、体育、游戏等，填补精神空虚；三是进行思想教育，保卫民族自尊心，不要玷污来之不易的胜利。

后来的实践证明他们的决定是正确的，从 8 月 15 日本投降，到 12 月 1 日离开中川边归国，在三个半月共 106 天里，正是这三个方面指导着劳工队，使其给当地民众留下了好印象。在此后的日子里，支部帮助大队为战俘劳工改善生活，增加衣服，成立文化补习班，组织时事座谈会，丰富文化生活，还开展了一次民主运动。

关于民主运动，原本是想把在做工期间对战俘劳工态度不好的日韩监工找来，让战俘劳工进行评议，使其赔礼道歉。但是两个态度最坏、经常打人的监工早已逃往外地，逃脱了惩罚。他们要作业所发通缉令，限期归案，但未能实现。此后，战俘劳工们对队里的干部进行了一次民主评议，对表现不好的进行批评、指正、撤换或惩罚。因二中队长崔儒臣经常打骂人，大家便要求把他撤掉，选袁甦忱担任了二中队队长。一中队也撤掉两个班长，民主选举了新班长。

10 月中旬，报纸上公布了重庆会谈纪要和“双十协定”，支部又组织大家座谈。国共合作的大好形势使大家看到了希望，又勾起了大家早日回国的心。有人说：“我们被押到日本做劳工，是日本人和汪伪政权干的，重庆政府不见得知道，应该给他们发个电报，让他们知道这件事。”支部委员们都同意试探一下，于是支部组织人起草了电报稿，大家传看后送到当地电报局，发回祖国了。内容大意如下：

中国重庆中央联合政府：

我们原为抗日军人，在战争中不幸被俘，后押送来日本国内做苦工，已年半有余。现在日已投降，做工停止，但长期无人过问，前途无望。从报纸上获悉，国共两党已举行谈判，为和平建国大业达成协议，闻之欣喜万分，诚致贺意，并恳请政府速来联系，望早日回国与家人团聚，是为至盼。

日本国岐阜县中川边町300名华俘劳工敬致

1945年10月××日

这份电报重庆政府是否收到，收到是怎样处置的？他们不知道，但后来听说中国政府派代表团到东京了，他们又派代表前往寻找。

在此期间，劳工大队还为大家做了一件有意义的事。一天，有几个战俘劳工到原来的工地看了看，还是日本投降那天突然停工的破烂样子，什么也没有清理。大家提议把过去做工的苦难情形拍摄下来，留个纪念。于是大队部立即派人到事务所交涉。第二天上午来了两名摄影人员，先给全体人员照了合影，又到工地拍了些劳动的镜头——有人打石头，有人扛东西，有人推轱辘马。这些照片为日本强掳中国战俘劳工留下了铁证，也为人们回忆过去时留下了念想。

4. 做“法事”祭祀英灵

日本投降后，战俘劳工的生活改善了，心情舒畅了，只等着回国与家人团聚，归队与战友相见。此时，大家想起了死在日本的难友，他们是在极其困难的条件下受尽屈辱折磨而死的，他们没有看到敌人的失败，没有等到胜利这天，他们是死不瞑目的冤魂。因此不少人提出，应该举行个活动纪念这些英灵，告诉他们抗战胜利的消息，使他们的灵魂能安眠于九泉之下。秘密支部与大队领导也赞成搞一个活动，但怎样凭吊，在什么地方用什么方法，怎样才能搞得隆重些？单靠劳工队自己有很多困难。

有人提出，这些死难者都是被日本企业奴役而死的，应该由日本事务所来办。于是大队长带着几个中队长来到飞岛作业所，提出祭祀英灵的要求。这次事务所没有推辞，还提出在中川边町南面的小山上有一座寺庙，规模不小，有和尚十多人，由一位老和尚做主持，经常接受各地追悼亡灵的“法事”。只要提出具体要求，庙里就可办好。于是大队决定办一场规模较大的“法事”来祭祀英灵，大队派了6个人，会同作业所的人，到南山寺庙对如何做好“法事”进行了具体研究。

9月19日是进行“法事”的头一天，各班选出两名代表，其中一名为死者的亲友、乡邻、朋友，组成祭祀代表团，并将骨灰盒擦洗干净。9月20日早饭后，50个代表在大队长的带领下，乘两辆卡车直奔南山寺庙。日本的寺庙在建筑上与中国的寺庙基本相同，正中央是大雄宝殿，两旁是厢房。大殿面积较大，有高大的释迦牟尼塑像，像前横架着一条很长的祭台，24个死难战俘劳工的骨灰盒就放在台上，中间有三个较大的香炉，骨灰盒分放在两边。每个盒前都有一份祭品和一束鲜花。大殿中央放有很多的红色坐垫，供50个战俘劳工代表打坐。大殿两面的墙上画有佛像，并各有一门，与里面相通。院内有些古树，方砖铺地，非常整洁。

劳工代表到达寺庙后稍事休息，依次到大殿内坐下。少顷，即听到左边侧房传出悦耳的乐器声，随即侧门打开，一位身披袈裟的老法师带领十来个和尚，每人手中都拿着一件不同的乐器，鱼贯而出。他们眼睛微闭，一面念经，一面打击乐器。战俘劳工代表听不懂他们念的是什么，但“阿弥陀佛”这几个词却和中国佛教念的一样，听起来十分亲切。和尚们边走边念边奏乐，先绕着打坐的战俘劳工代表转了三圈，老法师抱着一个瓷罐，里面盛着水，他不时用手指在水里蘸一下，向四周轻轻弹洒。后来，老法师站在释迦牟尼的塑像前不走了，让十多个和尚分站在他的两边，念一段经后，把乐器放下，都跪在坐垫上，向佛像和亡灵叩头。接着让战俘劳工代表祭祀，大家起立，分成三列横队，面向骨灰盒行三鞠躬礼。而后，又在和尚的引导下，在大殿内绕了三周，回到原地坐下。和尚们又继续绕了一圈，分别停在骨灰盒前，两手合十，向每个骨灰盒鞠躬，然后在每个骨灰盒上放上一块黄色的绫绸，再鞠躬合十，最后在一片唱、乐声中，退出大殿，回到左侧的屋里，至此祭祀活动全部结束。袁甦忱想着，假如死难的战友地下有灵，也许能得到一点安慰吧！

5. 赴东京寻找中国代表团

日本刚投降时，中国的战俘劳工因为不懂日文，不了解日本的地理和交通情况，不敢出门乘车，只是到附近村庄走走转转。但有些胆大的人用块布条写上“我是中国人”，把布条缝在衣服上，见汽车、火车就上，如有人查票，就挺胸让对方看布条，对方一看是中国人，也不敢盘问和阻拦了。开始他们外出时没有明确的目的，只是到处看看，走到哪里算哪里。后来听说哪里有中国劳工，就到那里去寻找，寻找与他们共同命运的难友。

9 月上旬的一天，其他劳工队的几位难友来到袁甦忱所在的劳工队，难友见面格外亲切，不管认识不认识，都围上来问这问那，给予了热情接待。从对方的言语中，他们知道附近还有几支劳工队，有从北平战俘营来的，也有从石家庄战俘营来的。对方已经联系上几支劳工队，还告诉他们可以乘车到处转，不用花钱买票，日本城市街道上没有卖吃食的地方，可以自己带；没有住的地方，可以在车站候车室过夜，实在找不到中国人就返回自己的住地。

这几个难友的到来，使劳工队受到启发，从此，他们也刮起了一股“串联”风。一些战俘劳工也带着写有“中国人”“我是中国人”的布条外出。后来有人到中川边町找到刻图章的商店，刻了一个胶质的“青天白日”圆帽徽，用蓝色油墨印在布上，做成帽徽缝在帽子上和衣服的口袋上。当时“青天白日”被认为是中国的国徽，不论到那里，人们一看就知道是中国人，就不再问了，确实省去了不少麻烦。

袁甦忱也趁此机会访问了几支劳工队，看望了他的老乡、老师和国桐梧同志，拜访了红军干部、冀南第六分区敌工部副部长周仕霖，和在长野县木仓谷组织暴动、被敌人抓捕的劳工大队长徐强。他们相互交换了秘密组织的情况和劳工队的现状，初步商谈了劳工队联合行动的问题。回到大队后，袁甦忱把在各地见到的情况向大队长商庆祥进行了通报，并提到大家十分关心的归国问题。商庆祥想前往东京一趟，看能不能找到负责战俘劳工归国的部门和单位。袁甦忱也想一同去，但他俩一个是大队长，一个是支部书记，两人都走了怕队里出事，所以就由商庆祥带一个人走了。

大家估计大队长一去要七八天时间，没想到第三天早上就返回来了，商庆祥满腹怨气地说；“别提了，我们已经两天没吃东西了，叫伙房赶快给我们弄点饭吃，都快饿死了。”炊事班长急忙去找人弄饭，商庆祥接着说：“真想不到，偌大的东京城，竟然没有一家旅馆可以住宿，也没有一家饭店可以买饭……”他一面吃东西，一面向大家介绍了东京之行的经过。

原来他们去东京时，带的食品很少，不到一天就吃完了。到东京下了火车，他们先去找中国驻日本大使馆。费了很大周折才找到，但大门紧闭，也没有大使馆的牌子。他们敲了很长时间的门，才有人打开一个缝，把头伸出门外问，这时他们才看清是一个严重畸形的驼背老头。

商庆祥问："这里是中国驻日大使馆吗？我们是中国人，有事找大使先生交涉。"

驼背老头答："中日两国早在1937年就断交了，大使馆早已关闭，现在只有我一个人看大门，没有任何管事的，你们走吧。"

商庆祥又说："我们没有地方住，就住这里不行吗？"

驼背老头一听，大声说道："不行！"就把门关上了。

没有办法，他们就去找旅馆，但没有找到。中午去找饭馆，饭馆都不卖饭，到饭馆的人都是自己带饭，只买一点酒菜。听说整个东京都是这样，到天黑既没地住也没饭吃，他们只好饿着肚子坐火车往回赶。天亮后路过名古屋车站，看到站台上有个姑娘背着木箱卖饭团，他们立刻下去买，可人家只要食品配给券，不要现钱。他们没有券，想多给点钱买，姑娘被吓得哭了起来，并跪下来叩头，给果还是没吃上东西。

这就是说，到东京办事必须先解决吃住问题，否则只能当天去当天回，但当时从中川边乘火车去东京往返一趟要一天一夜，时间都用在路上，而没法办事。商庆祥去东京没找到人，袁甦忱决定再试试，看能否找到中国驻日代表团。他以中队长的身份找事务所领导，请他们帮忙解决去东京的吃住问题。那个头头满口答应，说他在东京有很多朋友，只要写封介绍信，朋友就会热情接待。至于吃饭问题，国家政策有规定不能解决，但他们可以背着粮食去，到哪里都可以做饭吃。后来袁甦忱又提出请事务所派个人带着大米为他们做向导，那个头头也答应了。

10 月 6 日下午，袁甦忱和一中队炊事班班长贺少民在事务所职工马场的陪同下，拿着介绍信，背着大米，上了火车。10 月 7 日早晨到达东京，下了火车又换乘电车，因为有人带路，他们很顺利到达了目的地，找到那位头头的朋友。对方很热情地接待了他们，安排住宿并给做了饭吃。立川市离东京还有三四十千米，是东京的外围市。下午，马场带他们到立川市转了一圈，市场商业不繁华，街上老百姓也很少。晚上，他们三人在屋里聊天，马场突然问他们："花姑娘的要不要?"袁甦忱听后有些羞臊，当即表示"陪睡觉的姑娘不要，如果是唱歌跳舞的可以"，贺少民也表示同意。马场立即出去，时间不长便领来两个日本女人准备表演歌舞伎，都是浓艳盛装，红唇黛眉，穿一身华丽的日本和服。一个人拿个小三弦，一个人拿个小手鼓。进门后，先跪在地板上，向他们叩头致礼。因为袁、贺都不懂日语，觉得表演没有意思，不到半小时，马场就打发她们走了。

10 月 8 日早饭后，他们在马场的带领下，先乘电车到东京，再乘公共汽车到繁华街道，在日比谷公园转了一圈，又到一些商场和娱乐场所看了看，但没有打听到一点中国驻日代表团的线索。快中午时，他们看到一家中华料理店，知道这是中国人开的饭店，便走进去同饭店主人谈起来。饭店主人见是中国老乡来了，非常热情，马上就为他们做饭。听说他们自己带有午饭，就给他们每人做了一碗肉丝面，边吃边谈。谈话中，他们得知主人姓曹名家植，祖籍中国浙江，战前来日本做生意，因为中日战争，生意不景气，还遭日本人欺侮；现在抗战胜利了，中国人才抬起头。吃饭时，袁甦忱无意中发现桌子上有一张《请柬》，他拿起来一看，原来是中国驻东京的“华侨联合会”决定于10月10日下午1时30分召开庆祝中华民国建国34周年纪念大会，而且邀请国军代表某某上尉讲话。

踏破铁靴无觅处，得来全不费工夫。袁甦忱正发愁找不到中国驻日代表团，没想到在这里看到了希望。于是他同贺少民商量，决定参加这个会议，会会这个国军上尉，进一步寻找中国驻日代表团。

10月10日下午，马场把他俩送到中国华侨开会的大会堂附近，便返回了中川边。他俩便向会堂门口走去。他们看到许多大小汽车云集在会堂附近，很多衣着华贵、西装革履的男男女女，拿着请柬向门口走去，大家像过节一样高兴。在礼堂门口，有几个胸前戴着“招待员”红布条的年轻人负责查看来宾的请柬，并指引着座位。袁甦忱和贺少民没有请柬，便上前做了自我介绍，说明自己是中国军人，因抗日被俘抓到日本当劳工，到日本一年多了，听说开纪念会，希望能参加。招待员们一听便表示热情欢迎，引领他俩进入会场，在后面找了座位。

这是一个能容纳千人的大会堂，屋内人头攒动，灯火辉煌。会议准时召开，主席台上的灯光全都打开，从台后的小门里走出十来个人。这时，台上台下的人全部起立，热烈鼓掌。在主席台上的人挥手示意，台下的人才慢慢坐下。这时，他俩才看见在主席台中央坐的正是国军代表，30 多岁，上尉军衔，服装整齐，军容威严。

大会主持人首先请这位国军代表讲话，他随即站起来，慷慨激昂的发言一讲就讲了很长时间，讲完后会场又报以长时间的掌声。而后是工商界、教育界、妇女界……各界名流讲话。袁甦忱估计这个大会的时间一定很长，于是写了张小纸条，大意是“……我也是抗日军人，不幸作战被俘，被押送日本做苦工，现有成千上万的人无人过问，我们急于回国，请允许向你报告情况”，落款写的是“上尉参谋金文华”。袁甦忱请招待员把纸条交给国军代表，并亲眼看见其看过之后，还向袁甦忱坐的地方看了看。招待员回来后告知袁甦忱“上尉表示会后再谈”。

结果会议时间很长，群众发言后有文艺演出，一直到下午 5 点，接着去会餐。袁甦忱两人在会堂门口截住那个国军代表，因为军衔一样高，他让袁甦忱两人上了他的汽车，一同去吃饭。餐厅在一家大饭店的 7 楼，屋子很大，满堂酒菜已摆好。有 200 多人赴宴。袁甦忱、贺少民与国军代表坐在一起，因为中国抗战刚刚胜利，华侨们非常兴奋，互相劝酒，大喝特喝，一直到晚上 9 点多钟还没有散意，国军代表喝得迷迷糊糊，已无法再谈工作。他俩就说今晚还没有住处，国军代表就叫台湾同乡会的一位华侨为他俩安排了住处。

第二天早晨，台湾同乡会来人喊他们吃饭，并问他们饭后是否需要面见国军代表。袁甦忱觉得仅他俩去交涉，力量有些单薄，想马上返回住地找大队长商量一下，并把附近的几个劳工队聚集起来，多派些人来。他问台湾同乡会的人这样是否可以，对方满口答应。于是他俩当天就返回中川边，准备组织一个更大的请愿团。

10 月 12 日上午，袁甦忱同贺少民向大队长和支委会做了汇报。听说他们找到了中国军事代表团，并同台湾同乡会取得了联系，解决了吃住问题，大家都很高兴，建议立即通知已取得联系的几个劳工大队，请其大队长来中川边一块商议回国的事。13 日、14 日，有 5 个劳工大队长报到，加上袁甦忱，组织了一个上访请愿团，推举商庆祥为请愿团长、袁甦忱为向导，并吸收大队唯一上过大学的张玉山担任秘书。

10 月 14 日早饭后，他们从中川边乘车，晚上 8 时多到东京。袁甦忱带着大伙到台湾同乡会，找到前些天接待他们的邓先生，相互做了介绍。邓先生一听来了 6 位大队长，非常热情地安排了住宿。

10 月 15 日早饭后，有人告诉他们，上午 9 时半，台湾同乡会要组织一次欢迎他们的集会，请他们向台湾同胞讲讲大陆的抗战形势，最好结合一些实际战例，以鼓励和教育人。当时大伙推荐商庆祥大队长主讲，其他人补充。欢迎会在一个学校的教室里召开，共有50多张课桌，每桌一人。台湾同乡会的负责人先用不太通顺的南方话致欢迎词，然后由劳工代表团团长商庆祥负责主讲。商庆祥先向大家鞠了一躬，对大家的欢迎表示感谢，然后结合自己的抗战经历，讲了敌后战场的游击战术和成功战例，也讲了大陆的斗争形势。商庆祥讲得生动活泼，引人入胜，但是在座的人很少到过大陆，对北方普通话听不太懂，有些遗憾。接着由其他队长回答提问。

没有想到的是，这个小小的欢迎会使他们与日本共产党发生了联系。原来听讲的台湾同胞中有几个日本的共产党员，他们从商庆祥的讲话中，判断劳工代表中肯定有共产党，于是找劳工代表的秘书张玉山打听队中是否有共产党的领导，可否找其进行秘密座谈，并约定当晚半夜在一个隐蔽的小屋见面，不让外人察觉。会后，张玉山把这一情况告诉了袁甦忱和商庆祥，并决定他们三人一块赴约。

夜里12点，张玉山把他们俩推醒，轻手轻脚地来到小屋门外，轻轻地敲了几下，门就开了，他们三个进去后，门就关上了。这是一个狭窄的小会议室，只有一条长桌，两边放几把椅子，吊灯只亮中间一只，门窗堵得很严实。屋内已有两位台湾同胞坐在里面的椅子上，他们进去后就坐在外面的椅子上，相对而坐。其中一人首先自我介绍："我叫杨春松，是中国台湾人，已来日本多年，并参加了日本共产党。他叫某某某，也是日本共产党员。今天听了你们的报告，我们估计你们当中一定会有共产党员，就想约你们谈谈。也请你们自我介绍一下，认识认识。”

商庆祥和袁甦忱分别做了自我介绍，并说明了自己是去年5月被押到日本做劳工的，同来的300人为一个大队，商为大队长，袁为炊事班班长。袁甦忱还就战俘劳工中党的活动做了介绍：“我们大队原有被俘共产党员29人，来日后即建立党小组，今年3月建立了党的秘密支部，名叫‘中共海外流亡支部’，我是支部书记，商是支部委员，真没想到在这里能见到日共朋友，真是万分高兴。”

这时，杨春松从公文包里拿出一些中共七大的报告文件和几张领袖照片，问他们是否知道七大的事。他们都被俘两年多了，不可能知道七大的的报告，但看到毛、刘、周、朱等中央领导的照片，备感亲近。长期同党失去联系、同亲人失去联系的苦衷一下涌入心头，不禁潸然泪下。后来，杨春松又问他们对毛主席《新民主主义论》和1942年“三反”运动的看法，因为他俩都学习过这本书，并参加过“三反”运动，所以交谈得比较深刻。会谈中，商、袁也想了解日共的情况，于是杨春松也简要介绍了日共的现状：“日本投降后，日本共产党发展得很快，特别是日共领袖德田球一出狱后，在东京召开了万人欢迎大会。会后，又有很多人前来拜访，要求入党的人成倍增加，这说明共产党在人民群众中有着高度的威望。”关于德田球一出狱和群众欢迎的消息，袁甦忱在报纸上看到过，现在听杨春松一说，立即提出：“我们能不能拜望一下？”杨春松说：“现在德田球一同志已去大阪，还要到其他城市去转一圈，估计要等一段时间，等他返回后，我可以传达你们的要求，如果他同意接见，到时候我再通知你们。”不知不觉，密谈已经两个多小时，因为天亮还有活动，大家只好惜别，但袁甦忱兴奋的心情久久不能平静。

第二天，也就是 10 月 16 日早饭后，他们按台湾同乡会提供的地址去找盟军联会总部。由于语言不通，加之交通拥挤，费了很大周折才找到。这里是一个比较大的高级宾馆，他们找到中国人接待的窗口，值班人员负责通报后，把他们带到二楼中国军事代表团办公室，但门都锁着。在一个美国人的帮助下，从会议室找来一位戴着上校军衔的中国军官，他打开门，让请愿团的人坐下，然后自我介绍说：“中国军事代表团组建不久，现只有部分代表来日本，代表团长叫王之，尚在国内，有事可以向他讲，以便传达和处理。”

请愿团 6 位大队长分别把本大队的情况向这位上校进行了介绍，谈了自己是怎样被押到日本的，过着怎样的牛马生活，干着多么繁重的劳动，日本投降后长期无人过问等，并询问这位上校他们的情况政府是否知道，什么时候才能回国，怎么同中国代表团联系？这位上校听完后，表示了对战俘劳工的同情，并说：“抗战后期，由于日本国内劳动力缺乏，曾从中国运来大批劳工，其中主要是从各个俘虏收容所押送来的，这一情况，政府是知道的，但具体有多少人，分布在哪些地方，尚在清查之中。下一步将要交换战俘，这也在规划之中。因为战争刚结束，需要处理的问题很多，需要一步一步地进行。估计还要一段时间，但不会太久，因为大批在外国的日军也都成了俘虏。所以遣返战俘将是战后的首要任务。希望你们返回原地等待消息，也不必再来东京，国家决不会忘记你们的。”

最后闲谈起来，这个上校问袁甦忱：“你们是哪个部队的?”袁甦忱回答：“是第十八集团军的。”对方一下没反应过来，又问：“你们集团军长官是谁?”他们回答：“是朱德。”对方很快“嗯”了一声，这位上校知道来上访的人都是八路军，就没有再谈下去，看来国共之间仍有芥蒂。

至此，6 位大队长来东京上访请愿的目的已达到，他们在东京待了两天就返回住地。

6. 组建在日华俘联合会

从东京回来，5 位大队长没有直接回本队，而是先到了商庆祥的大队，通过这次请愿大家都认识到，各地劳工只有联合起来建立统一组织，统一行动，才有力量，于是提出了建立战俘劳工联合会的问题。

建立联合会，就要有个核心，就要有办公地，这些具体工作由哪支劳工队承担呢？各大队都认为应以中川边劳工大队为核心，因为这次东京请愿团就是他们发起并组织的，他们也有能力组建俘虏联合会。于是各大队长表示回去后马上派一名知识分子来中川边，参加筹建华俘联合会。

为此，支部书记袁甦忱立即召开了支委会，通报了东京请愿的情况，研究了成立华俘联合会的问题。支委会表示愿意接受这一任务，并派张玉山具体负责这项工作。他们先到岐阜县城找地方政府协商，在县城找了一幢有数间空屋的房子，作为联合会的地址，除解决几个办公室外，还可以解决几十个人的吃住问题。几天后，各地派的人陆续到达，他们在大队长商庆祥的指导下展开工作，首先以筹委会的名义印发召开华俘联合会成立大会的通知，阐明成立联合会的意义和宗旨，并定于1945年11月5日在岐阜县城召开第一次代表大会，希望从中国押来的劳工队，不论人数多少，均可选派3—5名代表参会，并由一名队长带队。为了便于各地代表寻找，大会筹备处还在岐阜火车站设置了接待站昼夜值班。

通知发出不久，就有劳工队派人前来联系，了解会议的内容与准备情况。11月3日和4日，各地劳工队队长和代表陆续报到，中川边大队抽出十几名人员专门为大会服务。到4日晚上，已有11个劳工队的代表到达岐阜县城。

11月5日上午10时，大会正式开始，首先由商庆祥大队长致开幕词，对大会表示祝贺。而后由大会筹备组组长张玉山向大会报告筹备经过，并提出大会议事日程。后由大会司仪宣布参加大会的代表名单。参会单位共有14个劳工大队，出席代表40多人，代表联系上的战俘劳工有7 000余人。接着，会议代表分为几个小组，分组研究讨论会议报告，然后做大会发言，最后形成大会决议，印发多份，由代表们带回去传达。大会开了两天，于11月6日圆满结束。经过热烈讨论，形成了一致意见，组织名称为“中华民族在日被俘劳工联合委员会”，简称“华俘联合会”，并商定了委员会宗旨、组织机构及职能。选举了领导人，即会长商庆祥、副会长周仕霖。联合会秘书处即平时驻会办事处，下设组织、宣传、联络三个委员会。秘书长张玉山，组织委员会主任金文华，宣传委员会主任徐强（联络委员会主任已无法查清）。大会成立后，很快在岐阜县大会办事处门前挂上了“中华民族驻日华俘联合会”的大牌子，并刻了公章，印了公用信封及有关宣传品。

大会原决定于11月底或12月初召开第二次代表大会。正当秘书处紧张准备时，11月26日劳工大队接到通知，让全体劳工准备于12月1日动身回国。因此华俘联合会失去了存在的意义，各组织机关人员立即返回原单位准备回国。轰动一时的联合会也自生自灭了。

7. 拜见日共领袖德田球一

刚刚结束第一次在日华俘劳工代表大会，准备把日本各地的中国战俘劳工都组织起来时，袁甦忱突然收到杨春松的加急电报，内容是：金文华同志，同意接见，速来。杨春松1945年11月6日14时。

看到德田球一同意接见的电报，袁甦忱非常高兴，立即召开支委会研究。大家认为大队长商庆祥刚被选为华俘联合会主席，正忙着筹备召开更大规模的华俘劳工代表大会，暂时不能离开岐阜，如果只派袁甦忱去会见，袁甦忱又觉得身份资格、政治水平悬殊太大，于是他想到了周仕霖——他是老红军、师级干部，待人接物，处世经验都很丰富。大家也表示同意。于是，袁甦忱立即乘车到周仕霖大队的驻地。周仕霖听后有些犹豫，认为电报不是发给他的。经袁甦忱再三请求，才答应同去。

11月12日中午，袁甦忱和周仕霖带着一袋大米，在中川边乘坐火车，于13日上午抵达东京，找到杨春松。杨春松表示，德田球一为了见他们，在11月11日等了一天，由于没有等到，就忙别的工作去了。让他们先住在自己家里，等机会再安排会见。在等待会见的日子里，东京的一些进步报纸和民间团体听说来了两位中国共产党领导的八路军俘虏，都想了解中国共产党是怎样在敌后进行抗日斗争的，于是由杨春松安排了一次座谈会。

11月15日晚上7时，杨春松带着他们走进座谈会会场，这是一间4米长、3米宽的平民住房，地板上放着三四张矮桌，桌上放着一些花生、瓜子、糖果。他们进屋时，屋里有十几人，大家见面都热情地鞠躬见礼，让他们坐在上座。

正式开会前，主持人给每位与会者发了一张会议议程单。袁甦忱和周仕霖看见上面写的题目是“将校俘虏座谈会”，宗旨是“了解中国革命的实践，理解中国革命的意义，学习中国革命的经验”，再往下印有时间、地点、参加人员名单、座谈讨论题目，等等。

7时整，主持人宣布开会。先让参会人按座位次序做了自我介绍，最后，周仕霖、袁甦忱也以共产党八路军的身份做了介绍。主持人是日本朝日新闻社分社的副主编，他先把中国革命的历史赞扬了一番，然后请周、袁两人讲话。周仕霖讲了万里长征的艰苦经历，袁甦忱讲了敌后根据地的发展和斗争。而后大家开始提问。先从百团大战提起，如何组织、怎样指挥、实际意义以及抗日游击战的战况；后又转到民族统一战线，根据地有没有兵工厂，有没有战地医院，听说有日本兵投降后参加反战同盟是否确实……

对于大家的提问，他俩都做了真实具体的回答，不少人受到了启发。后半截，人们不再提问，而是评论和赞扬。有人说，日本革命要想成功，就要学习中国的革命经验。这时有人突然提问，希望他俩留下来作为日本革命的参谋和顾问，以后的生活和工作由日本朋友负责。这一建议很快得到与会人员的一致赞同，并希望他俩当即表态。

对于这突如其来的建议，他俩毫无思想准备，周、袁同杨春松低声交换了意见，由周仕霖向大家表态："大家为了革命利益提出这一建议，我们表示理解；对我们俩的信任和邀请，我们表示感谢。以我们个人来说，如能留下与大家并肩作战，我们当然高兴，但我们是中国共产党党员，已脱离党的直接领导，这样大的行动，不经过党的批示是不能自行决定的。我们回国后，一定把大家的建议和要求如实向党的领导反映，如果党同意派我们来，我们一定决不犹豫。"日本朋友听后，热烈鼓掌了很长时间。会议在热烈的气氛中结束，散会后大家仍然依依不舍，有人还流出了激动的热泪。

会后两天，杨春松领他俩到参会的几个群众团体、报社进行了礼节性的回访。11 月 18 日下午，杨春松提前回家告诉他俩，德田球一明天上午会接见他俩，并向他俩介绍了德田的情况。

德田球一是日本共产党创始人之一，1922 年在第一次共产党代表大会上就被选为中央委员；1923 年被捕，党遭到破坏；1924 年出狱，重新建党；1928 年再次被捕，在狱中坚持斗争 18 年，并通过地下关系联络全党，直到 1945 年 10 月才出狱，受到各地党组织和进步人士的欢迎，并在东京召开了万人欢迎大会。

11 月 19 日上午，在杨春松带领下，他俩来到日本共产党中央所在地。在一条不太宽的街道上，有座三四层高的旧式楼房，门口挂着一块写有“日本共产党中央本部”的大木牌。进门有传达室，因杨春松与看门人很熟，没有通报就直奔二楼。二楼有十几间房子，他们走到一个挂有“干部室”小牌的门外稍等。这就是日共领导人集体办公的地方。杨春松先进去通报，然后领他俩进去。屋内有五六个人正在谈话，见他俩进来，急忙站起来欢迎。杨春松向他俩逐一介绍：“这位是日共中央总书记德田球一同志。”德田同他俩握手，并给每人一张名片。接着又介绍第二位：“这位是日共中央副书记志贺义雄。”志贺义雄与他俩握手后，也递送了名片，接着又介绍了三位中央委员。而后，杨春松又用日语向几位领导人介绍了周仕霖和袁甦忱。他们的办公室很小，中间是一条长桌，两边各放五六把椅子，如果椅子上坐了人，进出都很困难。在屋子左侧墙角处，另有一张单桌，有两个女秘书坐在那里记录。

落座后，先由周仕霖发言："……从报纸上看到德田总书记，经过长期的监狱生活，不久前才出狱，我们中国的共产党员都很关心，因此我们俩代表被押到日本的被俘党员前来拜访和慰问，敬祝您身体健康，工作顺利。"

德田球一当即表示："感谢你们的关心，我由于长期坐牢，加上地下工作，任务繁重，身体一直不好。但出狱后全国各地的党组织和左派团体送来很多食品和药物，我的身体恢复得很快，请你们转告所有关心我的人，请他们放心。另外，我出狱后，东京和各地的同志召开了大小不一的欢迎会，扩大了日本共产党的影响，各地党组织迅速发展，这一点也希望转告你们的同志，让他们也为之高兴。"

周、袁听后特别高兴，表示回去后一定传达。德田球一又说："今天上午没有别的事，很愿意和你们谈谈，看看想了解哪方面的情况，可以提出来随便谈谈。"周、袁提出两个问题：一是日本当时各种党派、群众团体大量诞生，对其政治面貌和性质不太了解；二是日本投降，军国主义垮台，下一步国家的发展趋势将会如何。

德田听后笑着说："看来你们两位是有政治水平的。所关心的是日本的发展命运和当前的政治形势，那好，我就从日本现有的群众团体和党派斗争谈起吧！据昨天的统计，目前日本已有各种群众组织和团体 37 个，其性质大体可分为三种类型，第一种是以无产阶级和劳苦大众为基础，其宗旨是为了消灭剥削阶级，为了全人类解放，他们以共产党为核心团结奋斗，这是真正的革命派；第一种是极右派、反动派，他们的宗旨是复活军国主义，甚至向法西斯主义发展，以提倡武士道为其精神支柱，搞恐怖活动、独裁统治，还想独霸亚洲、瓜分世界，这些党派是极少数的，但他们的破坏能量不可低估；第三种是少数人为了个人利益，把建立组织作为登上政治舞台的阶梯，他们用华丽的政治言辞蛊惑人心，他们的政治态度是见风使舵、左右逢源，其中还有一些尚未定型的，随着形势的发展而改换宗旨，或重新组合，或被淘汰……”德田球一在分析党派团体时讲得很具体，有听不清的周、袁就提出来，让德田给予回答。当时袁甦忱还做了记录，只是因为时间太久，找不到了。

快到中午，德田看了一下表说：“时间过得真快，已到吃饭的时间了，暂时谈到这里吧，现在休息吃饭，下午接着谈。”接着又对周、袁讲：“你们带着饭没有？我们这里没有食堂，都是自己带饭，如果你们没有带饭，就将我们几个人的饭匀给大家吃。”袁甦忱回答说：“我们带的有，请首长放心。大家把自己的饭盒拿出来，在一起边吃边谈。周仕霖、袁甦忱这次来东京仍带了一袋大米，每顿饭都由杨春松的夫人给做。今天给他们带的饭既多又好，并且还炒了菜。他们看到日共领袖们带的饭都没有炒菜，只是一个饭团，外面包上一层熟豆粉和盐面就算是佐料。周、袁就将炒菜匀给德田等人一块儿吃。德田开玩笑地说：“想不到今天我们也改善生活了。”

下午一点多，会议继续，仍由德田回答他们的第二个问题，分析日本的发展趋势："这个问题比较复杂，现在日本刚投降，原有的政治机构、社会秩序都全部打乱了，同盟国军队刚进入日本，一切新的机制还没有建立。日本还处于战败国的混乱之中，现在谈发展趋势为时尚早，肯定需要一段很长的时间进行各方面的恢复、建设、改革、发展，而这又与当前的国际形势发展变化紧密相关。"接着，德田列出了影响各国社会发展的有关问题，例如世界两大阵营的形成，以苏联为核心的东欧七国，德国、朝鲜、越南南北分割，中国的国共谈判和内战，等等。探讨得很全面，分析得很深刻，不愧为日共的领袖。德田球一讲过之后，日共副总书记志贺义雄又做了发言，他谈了日共的现状，并介绍了即将召开的全日本共产党第四次代表大会的准备情况。下午四点半座谈结束，德田球一等领导送他俩出了大门外，并在德田的提议下合影留念。

11 月21 日，他们返回住地，袁甦忱立即召开了支委会，向支委和全体党员进行了汇报，并做出三项决定：首先，每个党员交纳一定的党费给日本共产党党中央，支援日共的革命活动；其次，邀请日共党员杨春松来战俘劳工住地向全体人员做一次形势报告；最后，向日共第四次代表大会送一面锦旗。

战俘党员听到传达后积极响应，共计交纳党费1 800日元，并在中川边町做了一面很大的锦旗，还向日共中央写了一封信，通报了中共海外流亡支部的组建情况，并提出邀请杨春松来此一趟。11 月 27 日，支部派张玉山和杨子明两人将党费、锦旗和信函直接送到东京日共中央本部。

8. 归国的前前后后

1945 年 11 月 27 日下午，飞岛作业所来人传达上级指示，劳工队将于 12 月 1 日上午 8 时在中川边町搭乘火车回国。也就是说，再过三四天就要回国了。战俘劳工听到这一消息，又是一阵兴奋、激动和欢呼。经大、中队长和支委会研究，大家立即着手进行回国前的各项准备。首先召回在外地的人员，其次清理个人携带的物资，最后准备归国途中的食物。同时研究了 24 个难友骨灰盒的携带方法，原来设想每位死者的骨灰盒交由死者的同乡、亲友、熟人带回国，转交死者的家属，现在落实到具体人，并确定一个人只带一个骨灰盒；如果没有亲友熟人，就指定一个距离最近的同乡带回去。

除去劳工大队的这些事务，党支部还有一项重要工作就是“海外流亡支部”的收尾工作。经支委会慎重研究，本着对每个同志负责的精神，需要给每一个党员写一份“鉴定”、发一份“组织介绍信”，组织委员杨子明设计了一个“鉴定表格”，编写了建立海外流亡支部的宗旨和负责范围，即从 1944 年 5 月底来日本开始，到 1945 年 12 月离开日本为止，在这段时间的表现由海外流亡支部负责。鉴定工作首先由党小组负责，先做自我鉴定，小组补充，再由支委会讨论通过，而后填写正式表格。为了慎重起见，他们还在中川边町刻了两枚印章，一枚是“中共海外流亡支部委员会”公章，另一枚是支部书记袁甦忱的私章。每份鉴定和介绍信都盖有这两枚章。关于携带方法，根据当时的实际情况由个人秘密携带，大部分党员都缝在自己的内衣里，回国后交给原单位党组织，以便组织审查考证。这就是共产党员的觉悟，这就是共产党员的忠诚，这就是共产党员的党性，虽然身陷囹圄，虽然在异国他乡，虽然同组织失去联系，没有人命令，没有人要求，没有人监督，他们却自觉建立了秘密组织，像在国内革命队伍中一样，按党的规定过组织生活，让组织监督鉴定。

1945 年 12 月 1 日，天气晴朗，劳工队提前吃了早饭，上午 8 时前，人们各自带着行李，来到中川边火车站，等待开往下关的火车。很快，中川边町的居民也陆续来到车站送行，劳工队在这里住了半年，帮助当地民众干了一些好事，有些朋友听说中国劳工归国都自发到来欢送。就在这时，代表日共中央前来送行的杨春松也来到车站，他让劳工队整队坐好，也让居民成半圆队伍站好，先同町长交谈了几句，然后在车站举行了临时欢送会。他先用日语向日本群众讲话，介绍了日本侵略中国的罪行，介绍了这些战俘劳工的抗战经历和到日本当劳工的苦难遭遇，最后表示：“这些战俘不幸被俘，但他们的斗争精神和勇气是值得敬佩的，现在他们就要离开我们回国了，让我们以热烈的掌声表示欢送。”现场响起了热烈掌声。

掌声过后，町长也讲了几句，杨春松翻译成汉语，大意是：日本的侵略给中国造成了极大的痛苦和损失，这是日本军国主义独裁统治的罪行，今天他们失败了，投降了，我们日本人民今后决不会再走这条路。中日是近邻，应该友好。你们在我们这里住了半年，受了不少苦，我们很对不起，我代表本町人民向你们大家赔礼。然后深深地鞠了一躬。

火车来了，战俘劳工登上了火车，送行的群众随着慢慢开动的火车挥手告别。杨春松和战俘劳工一块儿上了火车，又把大家送了一站才告别下车。

12 月 2 日早晨，火车先到达下关，又穿过海底隧道到达门司，最后抵达日本的军港佐世保，在此等待运送日本俘虏的美国军舰。没想到一等就是三天，直到 12 月 5 日上午 9 时，人们才被带到海关检疫站进行清洗消毒。下午 4 时才登上美国军舰，这次运送中国战俘劳工的是 3 艘登陆艇，每艘登陆艇载 1 000 人，共载3 000人。艇上的工作人员和水手都是美国海军。因为海上风浪大，经过七天七夜航行才回到祖国天津塘沽港。

日本投降后，远在异国他乡的中国战俘劳工沉浸在抗战胜利的喜悦中，期盼着同亲人见面的那一刻。他们对国共谈判的具体情况并不了解，对正在进行的国共内战也没有思想准备。不少人想着，归国后不论在哪个港口上船，不管在哪个党派掌控的地区登陆，一定会有国家或地方政府的官员和工作人员到码头迎接他们，就像母亲看到丢失多年的儿女那样热情，但他们想错了，等待他们的还有腥风血雨。

1945 年 12 月 12 日，运送中国战俘劳工的军舰先后到达国民党控制的天津塘沽港口。3 000 名战俘劳工几乎同时登陆，没有统一指挥，秩序相当混乱。码头上没有一个中国人来接船，更别提专门接待欢迎的官员。商庆祥、袁甦忱只好把自己队伍里幸存的 260 人整好队，背着行李，抱着难友的骨灰盒徒步向市区走去。边走边打听当地的政府机关，希望能解决大家的吃住问题。刚走出二三里地，从后面跑来一位穿黑制服的警察，告诉他们前面有趟火车今晚开往天津，他们可以坐火车去，到天津就有人接待了。他们带着队伍来到塘沽火车站，车站停着一列既无座位又无窗户的闷罐车，破破烂烂又脏又乱，他们只好找一些破布破纸、树枝树叶垫在车上，坐下等待。

下午 4 时，火车坐满人后，慢慢启动了。天津到塘沽不过百里之路，但火车走走停停，直到第二天早晨 4 时才到天津。天还很黑，仍没有人接待，下了火车的战俘劳工一片混乱。突然出现了两三个中年人，告诉袁甦忱等人自己也是回国劳工，在天津北洋大学有专门负责招待回国人员的接待站，管吃管住，愿做事的给找工作，想回家的给路费盘缠。他们一听非常高兴，让大家休息一小时，到站前买些东西吃。

天快亮时，他们再次整队向北洋大学接待站走去。大家正走得高兴，突然听到“叭叭”一阵枪声，不知从何处响起。袁甦忱想着，日本人已经投降，国共军队已协议停战，

图 29　当年接待战俘劳工归国的北洋大学，如今为河北工业大学（何天义研究室征集提供）

这是哪来的枪声？正在疑问间，突然从前面跑来几个十分惊恐的人，问袁甦忱是不是回国的劳工，是不是要到北洋大学，袁甦忱说是。他们急忙拦住袁甦忱说："千万不能去，那里是阴谋，是骗局，是陷阱。国民党正在那里招兵、抓兵，并派出便衣特务到码头、车站引诱劳工，凡是年龄适合的都要强迫当兵，不干不行。我们就是不愿给国民党当兵逃出来被发现后开枪追赶射击的，已经有人被子弹打死了，你们赶快逃跑吧！"

这一番话使战俘劳工大吃一惊，如果再往前走，他们可能会再入虎口。袁甦忱同商庆祥等人当即商议，决定立即解散队伍，迅速离开此地。于是，他们把队伍带到路旁一个难以看到的洼地，紧急举行了一个难友告别仪式。他

图30　战俘劳工归国后临时居住的楼房（何天义研究室征集提供）

们先让逃出来的难友介绍了国民党接待站招兵抓兵、逃跑开枪的情况。接着大队长商庆祥开口道：“难友们，同胞们，我们大队相聚两年多，同生死共患难，吃了多少苦，受了多少罪，有20多位同志被折磨致死，好不容易熬到日本投降回到祖国，我们以为会有领导、组织接待我们，把我们安全送回自己的家乡。但大家刚才已经听到，负责管理这一地区的国民党政府不仅不管我们，反而要抓我们当兵去给他们卖命。现在这里已经是非常危险的地方，因此我宣布，我们劳工大队到此为止正式解散，希望大家尽快离开此地……”

大队长讲完，作为中队长和秘密党支部书记的袁甦忱也做了简短讲话。他回忆了战俘营的苦难，回忆了劳工队的经历，揭露了国民党的腐败，分析了当前的形势，最后感情沉重地说道："大队长已宣布劳工队就此解散，以后我们也不一定能再见面了，希望大家多多保重，早日与家人团聚，让我们就此告别吧！再见了同胞们！再见了难友们！"

听了这几句告别词，劳工队伍一下乱了，大家痛哭流涕，互相拥抱，依依不舍地离开，三五成群地结伴而行，有的寻找自己的部队，有的奔向自己的家乡。

中国海外流亡支部的三名主要委员袁甦忱、商庆祥、杨子明经过艰难曲折，从国统区回到解放区，先后回到冀中军区和冀南军区，向党组织汇报了被俘后的斗争经历，汇报了在海外秘密建立流亡支部的经过，不久都回到自己原先的部队，分配了新的工作。同他们类似，从日本归国的 3 万多名战俘劳工中，有不少共产党及八路军、新四军的被俘官兵都回到了自己的部队，参加了伟大的解放战争，参与了新中国的建设。

天津塘沽港口是当年日本强掳中国战俘劳工的主要出发地，也是中国战俘劳工归国的主要登陆地。当年，不少战俘劳工把难友的骨灰盒留在这里，战后，日本民间团体又把发掘的战俘劳工遗骨送还到这里。20 世纪末，日本民间团体和爱国华侨捐款在这里修建了纪念中国战俘劳工的名录墙、遗骨馆和纪念雕塑，此后，天津市委、市政府重新选地修建了烈士陵园和"在日殉难烈士劳工纪念馆"，每逢清明节或抗战胜利纪念日，都在这里举行纪念活动。

图 31　刻有 6 800 名殉难中国劳工姓名的名录墙（何天义研究室征集提供）

图 32　殉难烈士遗骨馆（何天义研究室征集提供）

图 33　天津烈士陵园“在日殉难烈士劳工纪念馆”（何天义研究室征集提供）

图 34　2011 年 8 月 18 日，天津“在日殉难烈士劳工纪念馆”开馆 5 周年纪念（何天义研究室征集提供）

主要参考文献

[1] 何天义．日军枪刺下的中国劳工（四卷本）［M］．北京：新华出版社，1995.

[2] 何天义．二战掳日中国劳工口述史（五卷本）［M］．济南：齐鲁书社，2005.

[3] 何天义，范媛媛，何晓．强制劳动——侵略的见证 死亡的话题［M］．北京：中华书局，2005.

[4] 谢忠厚，张瑞智，田苏苏．日军侵略华北罪行档案（十卷本）［M］．石家庄：河北人民出版社，2005.

[5] 谢忠厚．日本侵略华北罪行史稿［M］．北京：社会科学文献出版社，2005.

[6] 何天义．亚洲的奥斯威辛——日军侵华集中营揭秘［M］．成都：四川人民出版社，2007.

[7] 何天义．日军侵华集中营——中国受害者口述［M］．郑州：大象出版社，2008.

[8] 何天义．日军侵华战俘营总论［M］．北京：社会科学文献出版社，2013.

[9] 何天义．不应忘却的历史——日军虐杀中国战俘罪行录．南京电影制片厂等，2005.

[10] 傅波，肖景全．罪行 罪证 罪责［M］．沈阳：辽宁民族出版

社，1995.

［11］中共中央党史研究室科研管理部．日军侵华罪行纪实［M］．北京：中共党史出版社，1995.

［12］陈景彦．二战期间在日中国劳工问题研究［M］．长春：吉林人民出版社，1999.

［13］郭汝瑰，黄玉章．中国抗日战争正面战场作战记［M］．南京：江苏人民出版社，2002.

［14］刘宝辰，林凤升．日本掳役中国战俘劳工调查研究［M］．保定：河北大学出版社，2002.

［15］全国政协文史和学习委员会．魔窟梦魇［M］．北京：中国文史出版社，2005.

［16］全国政协文史和学习委员会．劳工血泪［M］．北京：中国文史出版社，2005.

［17］王道平．中国抗日战争史［M］．北京：解放军出版社，2005.

［18］武心田．矿山在欢笑［M］．哈尔滨：黑龙江人民出版社，2005.

［19］袁甦忱．回首难忘的岁月．2005－08－01.